一位老校長引導的學習革命

瑞士學徒制教育在公東

黃清泰 著

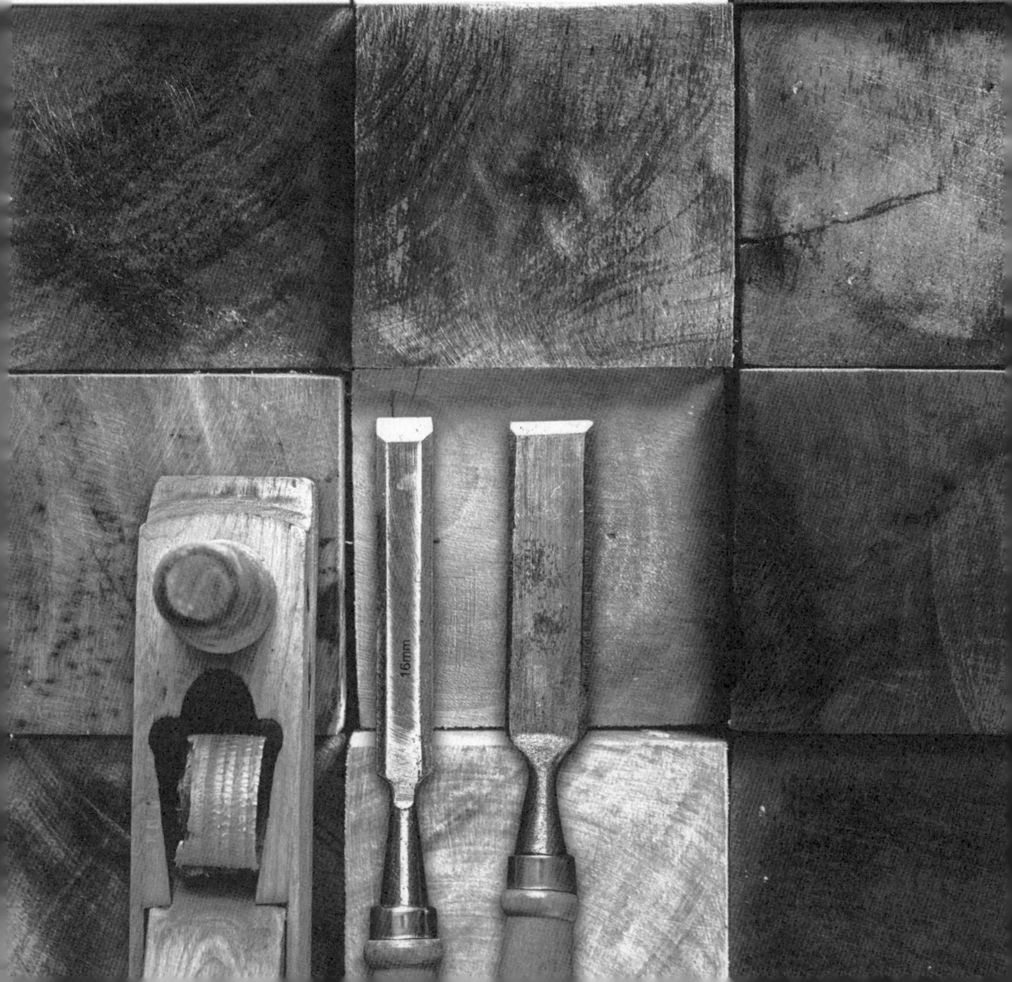

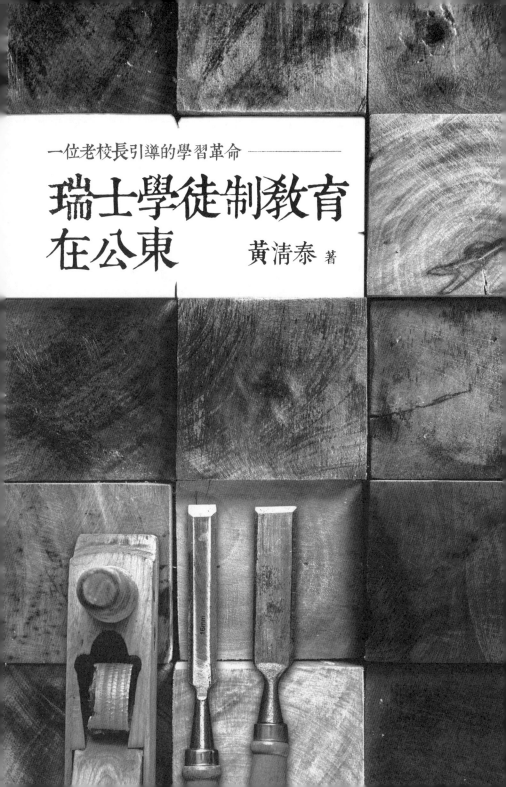

目錄

第二章　我在公東的那些人、這些事

第三章　離開公東

第四章　為後來者言：我的公東經驗

推薦序

把承擔視爲理所當然的耕耘者

吳念眞

我好像不是在讀一本書，而是在聆聽一個長輩敘述他的生平往事。

這個陌生的長輩卻有著記憶中某些「老人類」令人難忘的樣子：理解自己在某個環境中必須承擔的責任，然後義無反顧地付出。視橫逆與困境爲必然，從沒改變他的原則和意志。

如果你聽過「公東高工」這所不一樣的學校，請你務必認識這個長輩，這個耕耘者。

他正是我們所期待的 Giver。

（本文作者爲知名作家／導演）

推薦序

那段親密陌生的歲月：與父親的兩三事

黃哲彥

「阿邦的囝來呀！」

每當走進公東高工的實習工廠，總會聽到吵雜機器聲中想盡量壓低聲響的話語傳進耳裡。不錯，「阿邦」是學生給我父親取的綽號。因爲教學嚴格的父親瘦瘦高高，學生間開始以「洗衫板」來稱呼父親。後來要叫三個字似乎太長了，他們就直接取最後一個「板（台語）」，以台灣人慣用的方式加上「阿」，成爲「阿邦」，這是父親在公東高工學生間的非正式稱呼。當看到關於父親在公東高工那段期間的書要出版，腦海裡第一個浮現的，就是這個綽號。

如果，父親那年沒有離開公東高工，我和他的關係會是如何？有時候，我會想這個問題。要我誠實的回答的話，答案可能是「親密的陌生人」。是的，是親密的陌生人，或許是這種親密又陌生的感覺，讓我浮現「阿邦」這綽號吧！

父親全心投入學校教育。每天早上我還在睡夢中，他就出門到學校去巡視學生，走進實習工廠的辦公室去忙他的事情，晚上總要到十點多才會回到家，他和我的生活作息可說沒有交集。一天和他相處的時間短之又短，時間最長的，大概就是做錯事情被他詢問、處罰的時候。相處時間短加上青春期的叛逆，使得我和父親間呈現「無話可說」的狀態，非不得已，我是不會主動開口跟他說話。所謂非不得已，大概就是想要零用錢而母親給的額度已用完時。記得高中畢業，聯考都考完後的某天，父親突然開口問我：「有沒有報名大學聯考呢？」

我曾寫過一封信寫他，那是硬著頭皮寫信向他介紹我的女朋友，告訴他，我在戀愛了，是到目前爲止唯一寫給父親的一封信。留學日本時，跟他說我想結婚，他沒回我「Yes」或「No」，只叫我去問阿嬤，因爲我是「阿嬤囝」。如果，他繼續留在公東高工，我們之間生疏關係應是持續下去吧！

看似生疏的關係中，父親在忙碌的學校生活裡用另外一種方式來表現他的愛。去瑞士留學回來時，他的旅行箱內裝的是樂高積木——我的玩具，多變的樂高是我童年快樂的回憶。除了樂高之外，我有一台由公東高工焊接工廠製作的四輪腳踏車，有方向盤、手剎車，讓我奔馳在馬蘭社區與部落中。那輛車，羨煞多少當時的玩伴，大家總是跟車後跑，期盼可以上去踩一段路，過過開車癮。忙碌的他，用他認爲最好的玩具陪伴我。

或許是他全心神投入公東高工的教育，讓我在僵化的教育制度中有些反抗及喘息的空間。老實說，我討厭台灣的教育制度，到現在仍是。國中開始，就一直想要自由，國中時學習總是在班上墊底，若以一般人角度來看，校長的兒子成績墊底是多麼沒面子的事，但他從不曾因成績而責罰我，這影響我對教育的態度。

外出北上開會後，他帶回來放在桌上的黨外雜誌，成爲我最佳的課外讀物，也是我民主、自由思想啓蒙的開端。除了學校教育之外，他當時也參與台灣基督長老教會總會的一些事工，與其他牧長在家裡討論事情時，不會將我趕出，反而讓我在客廳中聽他們的討論。高二那年，在聽過他們的討論後，我很興奮地在國文課本封面內頁寫上：「台灣獨立萬歲！台灣人出頭天！」其實那時根本不知道台灣獨立是什麼，只覺得「出頭天」和我想要的自由意思一樣。父親在無形之中，形塑我對社會弱勢的關懷，對台灣民主自由的追求，及對台灣這塊土地的認同，使我比同儕早熟。

這本書的出版，對我來說是一種療癒。通過本書了解父親當時的理想及務實地向理想前進的身影，爲童年成長時父親忙碌缺席的遺憾找到原因，也讓我更能放下過去，與父親有更親密的關係與眞正的和好。阿邦的囝寫幾句話回顧公東高工的黃清泰，「以校爲家」身後付出的另一種代價，也藉此感謝父親給我的空間與支持。

（本文作者爲黃清泰長子，台灣基督教長老教會牧師）

推薦序

鐵漢背後的教育柔情

黃俊傑

時光如梭，從民國六十二年以第一志願進入公東高工木工科後，因當班長而跟黃校長結下這輩子的「師徒之緣」。爲何我沒說師生而是師徒之緣，因深覺師生只是一般知識及技能上的傳習。而師徒之情除了上述的傳授外，更重要的是思想傳遞與處事價值觀的應對及道德人格上的教導，這才是眞的全人化的教育。天資笨拙的我很榮幸能在這四十餘年中以純樸的觀念，簡單的心體會到恩師的那份博愛之心，並學習校長的處世價值。但因篇幅有限只能道出一二與校長相處時刻骨銘心之事。

記得高一當班長時，每天早上升旗集合最怕看到教務主任「阿邦」，他高瘦的身材及深度的眼鏡後嚴厲又炯炯有神的眼神，好像要一眼看透你一樣。有一次的晚自習時間，因要管理秩序，左顧右盼的看同學有沒有認眞看書或做作業。那時教室是在二樓，我頭往後看同學時，突然發現向著操場沒走廊的窗戶外，出現一雙可怕的眼睛跟我正眼相對。教務主任怎麼會出現在那不是人應該在的地方，我嚇得頭皮發麻、直冒冷汗，數分鐘後才敢偷偷的再往回看，那高瘦的身影已沿著窗外那不到四十五公分寬的狹窄平台移到隔壁班巡視了。但他怎麼上來的，爲什麼會想到從那裡巡堂，可眞不愧是「阿邦」！數年後回到母校服務，在晚自習巡堂及月考抽作弊時，我也效法黃校長，從那個刻骨銘心的窗邊小平台突然出現抓犯規的學生，還滿有效用的。

在學生時期對校長只有深深的敬畏，畢業後留校當導工及後來參加技能競賽時也一樣，套句台灣話就是「驚尬皮皮剉」。民國六十九年回母校服務後，有機會與校長更深入的接觸，才漸漸理解這位鐵漢的另一面。民國七十二年五月中旬，和校長一起到中興大學森林系參加人造板應用研討會，前一晚十一點左右，我們兩人坐上往台中的中興號公車，心中總是忐忑不安，因爲第一次與跟「大官」坐在一起，但不久我就睡著了。

隔了好一陣子在耳邊傳來一句親切的話：「俊傑（台語），楓港到了，下車上一下廁所吧！」眼睛張開，就看到校長笑著看著我，這是我第一次看到他的笑容，也第一次聽到校長輕柔的語氣，好溫暖。讓我更難忘的是，到台中中興大學時約七點左右，校長從他的背包中拿出兩個麵包遞給我並說：「這是我昨天特別做的麵包，你吃看看。」沒想到，我所敬畏的「阿邦」竟然是這麼平易近人，雙手接過校長的兩個麵包，心裡充滿感激與感動。那場人造板應用的研討會在往後的教學、進修及業界職場上眞是受益無窮，也讓我常在學生面前說到與校長這段長征學習的往事。

我仍記得校長在我結婚典禮上以證婚人身分很愼重的對我們說，要「同心同行，相互尊敬」。這句祝福的話到現在已經三十年了，我們還是遵守校長囑咐同心相扶，恩愛共行，以校長伉儷爲榜樣。

從學生、部屬到產業界共戰的夥伴，至今生若逢人生抉擇的請益恩師尊長，諸事歷歷在目。今日校長要將他在台灣技職教育的奮鬥過程，如何引領著我們這一群公東子弟在產業界努力不懈、發光發亮，詳盡道出其中甘苦。近四十餘年的相處，一般人只見到他那不苟言笑的嚴謹態度，鮮少人知道恩師的仁心及幽默，還有大智慧的心胸。今日有幸爲這本新書盡毛端之力，期盼大家在字裡行間能理解鐵漢後的教育柔情。

（本文作者爲屏東科技大學木材科學與設計系教授，國家工藝獎得主）

推薦序

敬那些勤奮不懈的勞動者

歐思定（Augustin Büchel）

公東高工廣受矚目，特別是透過范毅舜先生所著的《公東的教堂》一書。而如今曾任該校校長的黃清泰先生則以其著作，想讓我們進一步了解該校的成立過程、校史、校風以及他在該校服務的經驗。

在公東高工最早期的一棟建築的屋頂上，高高聳立著一個大十字架，這是該校由基督精神引導的標誌。在歐洲，修道院和教會早在幾百年前就創設了學校，除了提倡文學、音樂和繪畫之外，也推動職業教育，並且訓練出鐵匠、木匠、印刷匠等各類職工。因此，天主教白冷外方傳教會在錫質平神父的領導下，於台東創立了一所職業學校也就不令人驚訝，尤其是職業教育在白冷會有著悠久的傳統，而台灣也有此需要。

早在二十世紀初，白冷會在瑞士除了經營文理中學之外，也經營各種工作坊，學徒在這些工作坊中接受訓練成爲工匠。錫神父於一九五九年在教廷駐華大使的鼓勵下著手創校，而這並非易事。單是要從政府那兒取得建立一所私立職業學校的許可就很困難，若非得到于斌樞機主教和當時故宮博物院院長蔣復璁先生的支持就不可能成功。

要找到師資幾乎還要更爲困難，尤其是專業教師。由於白冷會無法派修士來擔任教師，錫神父求助於天主教職工工會和瑞士天主教工人運動組織的「互助搭橋專案」，後者於一九五九年設法派了四個人來，後來每幾年就再派一組新人來。這些人負責學生的職業訓練，另外也得在本地找到其餘科目的教師。這些教師當中就包括了本書的作者黃清泰先生，當時他是化學老師。而他很快就發現該校最重要的目標是傳達手工藝的專業知識，因此他甚至特地習得了木匠這一行的專業知識。由於缺少可供該校使用的專業書籍，他和外籍專業人士一起編纂出相關的中文專業教材，後來也被國內其他職業學校採用。他不僅替公東高工打下了基礎，也替全台灣的職業教育打下了基礎。

黃清泰先生後來被任命爲公東高工的校長，把該校當成他畢生的事業，投入了他的全部精力和許多心血。在他嚴格的領導下，該校不僅聞名國內，也揚名海外。在全國及國際技能競賽中贏得的一面面金牌、銀牌和銅牌就是證明。凡是受聘來該校任教或擔任其他職務的人都知道他要求甚嚴。黃先生本身直到如今仍孜孜不倦，在退休之後沒有悠閒度日，而從事各式各樣的工作，全都是爲了替公眾服務。而他始終謙虛樸素而樂於助人。我們祝福這位勤奮不懈的勞動者還能安享許多健康幸福的歲月。

（本文作者爲天主教白冷外方傳教會修士）

推薦序

用生命澆灌生命的實踐者

鄭漢文

在莫拉克肆虐的八八水災後，有更多的機會與黃校長長談，不論是往返於台東到多良的南迴路上，或是站在多良國小的曙光平台，或是進到木工生產基地的廠房，亦或是坐在做工質樸的漂流木長凳，每一個角落，每一個場景，每一個物件，不時的翻攪著他過往的深層記憶，也不時召喚出熱情奔放的老靈魂。一如在阿底旦地方文化館的首次策展時，他說：「生命真的很奇怪，上天似乎有意安排這一切。一九五三年錫質平神父來到上主曾在他夢中啓示地方——台灣最偏遠的南迴公路上的南興部落傳教，在他過世出殯的時候，我是負責捧斗的，事隔六十年，我又在這裡承續著他過去所做的事。」

對於生命被天主安排的驚異並不足爲奇，眞正令人驚奇的是公東高工創校的精神「我們不栽培白領階級，我們要全力栽培藍領階級」，在舉辦過生前告別式的黃校長身上依然不死。「怪」這個字在世人眼中多少帶著主觀的認識和偏見的認定。然而，我深深的認為，「怪」這個字，形容黃校長以超脫世俗的框架循著聖者的事蹟前行的方式，和他緊抱著公東高工創校的精神，用來放在他的生命痕跡上是最貼近的禮敬。

黃校長特殊的生命際遇與不從衆的殊異思維，回應著一個知識分子應該具有宏觀的視野與批判的性格。從信仰來看，出身於佛教家庭，在求學路上蒙神感召受洗為基督徒，之後在錫質平神父的召喚下，成為天主教系統的學校經營者，生命如此的安排，呼應著證嚴法師所說的「我不怕基督徒，只怕不是好基督徒」的胸襟。

原本在公立的台東女中教書，卻情願到私立學校打拚；已經是資深的老師，卻拋家棄子遠赴重洋，到瑞士、德國當學徒，月領兩百瑞士法郎，從底層的剷雪、掃地做起；經營學校不遵照教育部制定的課程進行授課，擅自發展公東學徒制本土化的課程，造就出一批批國際金牌的選手，創造公東高工的神話；當各方的盛讚、大衆矚目期許公東高工應升格爲專校，仍頑固的死守爲藍領服務的精神，這種與當下教育環境反其道而行的反骨作爲，正是蹲下來向窮人學習，爲苦難者證道的風範。

在白色恐怖的影響下，不敢寫日記的長期壓抑，反而造就了黃校長極其驚人的記憶。本書從公東高工的建校與招生出發，細細描述學徒制本土化的課程規畫與運作，字字句句，就像瑞士工匠的精神，一一刻畫出不同階段的處境與遭遇，也看見不從衆的堅持與發展。全書事件的始末有憑有據的娓娓道來，不帶任何的揣測與虛構。

黃校長對當今職業教育的發展與擔憂，以走過公東高工二十七年的職業教育底蘊書寫，對實習只是爲練習而練習，或是去技術化的職訓養成，進行了最有力的回應、批判與期許。

（本文作者爲台東縣桃源國小校長）

推薦序

我們的公東時光

簡安祥

人一生的過程就是在寫自己的歷史。也同時是人自己給自己的人生歷史下注解、同時也為當時的歷史做見證。讀完這本幾乎是我同時經歷的公東高工的時光，許多的往事就自然的浮上心頭。

查拉圖斯特拉（尼采筆下人物）有一個強烈的信念：人一生珍貴的歷練通過知識、經驗而獲得的真理，是社會全體共同的資產，應當公諸於世。《海岸山脈的瑞士人》一書出版後，我直覺的反應是：意猶未盡。錫神父的故事挖得不夠深啊！果然《公東的教堂》二〇一三年初出版後不過四年，已經再刷十四版。不只感動了讀者，同時捲起了實地一睹教堂堂奧的風潮至今不衰。

但是對於當年公東高工在技職教育實際的狀況，如何在外籍教師的理念（歐洲學徒制度）、教育主管的政策（課程標準）、學校財務的負擔的種種衝突中，找到一條特有的「教學結合生產」的教學方法，如何實踐「做中學——在實際的生產環境中學習技能是最有效的方法」的信念，這樣的實習課程對於老師和學生都是硬仗和挑戰。全校的課程設計重新安排檢討、每週課表四十四節課，許多創新的做法，既無前例可循、也讓教育廳督學視導時很頭痛。黃校長把這些歷程當作是社會全體的資產，將它撰寫成書，讓當時共同奮鬥的師生以及關心技職教育發展的朋友展讀，留為歷史的見證。

一九七六年夏天，我回到公東高工任教，擔任建築製圖課程的老師，也兼任訓導主任。而黃校長其實是我初中時期口中的「黃老師」，當年為我的寒假作業講解如何解二元一次聯立方程式，清晰明白，印象深刻。

他在日治時代讀小學，年幼時經歷政權轉換，高中就讀長榮中學接受基督教的信仰，兩度到瑞士、德國研習技職教育，所經歷的奮鬥、思想的轉變；對自己身分的認知在「日本人」「台灣人」「中國人」之間轉換，這是那個時代的人不可避免的心路歷程。

黃校長的「眞我（眞正的自己）」是超脫了做日本人、做台灣人、做中國人這些表層的羈絆，回到做「人的本質」。這可以從公東高工這個族群大融爐同心共事可見端倪：我們有歐洲籍、外省籍、本省籍的神父、老師，還有原住民和僑生老師，信仰上有天主教徒、基督教徒、一貫道、佛教徒、無神論，政治上也各有所宗。在書上談到許多的衝突事件，黃校長都是就事論事、或是衡量大局、據理力爭，絕無歧視、或是設局陷害的行動。這期間錫質平神父扮演了實質穩定學校的力量，默默的承擔了許多對校務的質疑。

黃校長在學生的心目中，形象是多元的。形容「洗衣板」的「阿邦」是學生給黃校長的外號。「眞ㄆㄞˋ」（很兇、嚴厲）幾乎是學生對黃校長深刻的印象，其中「敬畏」的成分占大部分。但是走出校門，頂著出身公東高工的身分進入職場所受到的歡迎、讚美，這時「嚴師出高徒」的古諺就得到實證。

錫神父在公東的「精神領導」是「無形」的。老師教學認眞是自動自發，神父分配文具時斤斤計較，老師也習以爲常，神父的勤勞節儉是有感染力的。實習工廠晚上開放訓練選手，指導老師是沒有金錢報酬的。實習工廠的老師幾乎是全能工：接訂單、繪設計圖、安排學生實習進度……還要送貨。有一次我駕駛學校的小貨車，晚上路經南迴公路，錫神父也同行。神父指著遠處山頭的微弱燈光，問我那是什麼地方？當時我回答不知道。接著神父告訴我，那是「浸水營」。於是一路上神父爲我講解浸水營的歷史事蹟。從此，我再也不會忘記「浸水營」，每次路經南迴公路，就會想起這往事。白冷會的神父、修士、修女們把台東當成家鄉。會有這般的意念，在背後支持的力量就是來自於天主的「愛」。錫神父用「神父」的本質做了完全的詮釋。

一九八〇年二月，我接下校長的職務。我當時的條件是：錫神父和黃校長都要繼續在學校共同努力。往後七年（錫神父在一九八五年去世）我們分工合作，維持校譽不墜。就記憶當中較爲特別的事項記在下面：

黃孝棪先生是一九八〇年成立的高雄市立中正高工第一任校長。對這位教育界前輩，我有很深刻的印象。有一天他到學校來拜訪，他想了解爲什麼高雄的三大國營事業的人事主管一致推薦公東高工辦學的成果。原來是他邀請了中鋼、中船、台機的人事主管來座談，請教他們辦學的意見。三家國營事業的人事主管告訴黃孝棪校長：「在應徵的名單上只要是公東高工的畢業生就優先錄取。要辦學，不妨去看看公東高工。」既知來意，於是黃校長和我陪著黃孝棪校長到實習工廠了解我們的實習課程結合訂單生產的教學方式。由於我們自行發展出來的教學方式和教育部頒布的「課程標準」大不相同，這種狀況在公立學校是「違法」的，是行不通的。黃孝棪校長對於我們的實習教學方式留下極爲深刻的印象，卻也坦言，在公立學校的制度下做不到，公東的實習教學在其他學校也無法複製。日後黃孝棪校長又邀請學校同仁來訪也下了訂單，爲中正高工實習工廠訂購「公東KT-4車床」及工作檯的「桌上型老虎鉗夾具」。

許智偉先生在一九七二到一九七五期間，擔任台灣省教育廳長。許廳長留學德國，對於歐洲的技職教育當然有所了解。在一九七二年的暑假（剛接任廳長）來到學校，表明來意就是要向歐洲來的神父致謝；由於事出突然，學校聯絡當時的「白冷會會長」池作基神父趕來學校，由於正當盛暑，池神父著短褲拖鞋來會見廳長。兩人就毫無客套的交談起來；這是我在學校唯一看到教育廳（部）長專程來學校不是「視察」，而是向神父們「致謝」。

一九八四年教育部大力推動群集教育課程。在一次會議中，主持會議的技職司張一蕃司長，看到出席名單有公東高工代表，就詢問我的意見。我當場表明公東高工要維持現行的方式，不改變。張司長立刻接著說：「公東高工的實習教學制度，我親自去學校看過，辦得很好。尤其在國際技能競賽拿很多獎牌，你們的教學制度別的學校也做不到，你們不必改，就照原來的方式。」這可是政府主管明知公東沒有遵行課程標準，仍然發出讚美的聲音。

簡水源博士曾在知本國中擔任教職，後來留學德國獲有福來堡大學教育博士學位。專研教育人類學。因爲在知本國中服務過的關係，和林哲次校長、張喜一老師多有聯繫，對公東的教學也頗爲關心。在教育部擔任研究員期間多次拜訪學校，有一次他提議希望觀察我們的上課狀況；我就安排蔡美俐老師的公民課請他「觀課」。下課後，他非常驚訝，一般的「教學觀摩」都是一再的演練，上課時就表演一番。我們的做法就是平常上課的方式，老師學生互動非常自然，並非安排一次表演，對我們學校實實在在的風氣，留下深刻的印象。

看完這本書，也可能有「意猶未盡」的感覺，特別是參與那時期的老師、學生、家長們，總是覺得發生在公東的故事總是講不完！今年適逢錫神父百歲冥誕，甚願我們能珍惜「撒種」的錫神父所撒下的這顆「從天主來的愛」給台東、給台灣的禮物——公東高工。

（本文作者爲公東高工前校長）

第一章

寶町少年的教育啟蒙

1 台東寶町一丁目一〇一番

一九三〇年代的台東小鎮，人稱「台東街」，是一個在中央山脈南端東側的小城鎮，城市的繁榮不如島嶼西邊及北邊大城，卻因族群多元而讓小鎮風情自成一格。我出生在一九三六那年，當時新年剛過，春天才來，我就向這個世間報到了。台東的春天溫暖，冬天不覺寒冷，只有夏季颱風來臨之前偶有暖熱的落山風讓人感覺煩躁，一般時節都是舒服的。

我家就在今天的和平街上，至今我還記得地址是寶町一丁目一〇一番，也就是一〇一號。這條位於市中心的街道不算寬闊，泥土路，上面鋪了一層碎石子，陽光燦爛的日子裡，一顆顆碎石被晒得晶亮，發出晢晢晶光，牛車經過的時候，壓出唏唏唆唆的聲響，小孩們經常打著赤腳聚在街上玩耍，在熱得發燙的碎石上蹦跳嬉鬧，每個人都磨練出一層厚厚的腳底板。

幼時的鄰居原本和我家一樣，多為西部遷移來的閩客移民，後來從日本四州熊本縣跨海而來的移民越來越多，日本區就從現在的中華路逐漸擴張，久而久之，我家所在之地也納入日本區了，閩客移民多聚居於今天仁愛路一帶，寶桑的巴布麓社則為卑南族聚落，鄰近的馬蘭社則住著阿美族人，母親常挑擔去那裡以物易物，用滿籃的青菜換些日常用品或農產品，童叟無欺。

住在漢人、日本人雜居的街市，彼此相處和睦，年紀還小的我，從沒感受不同族群之間的歧異，唯一感到不解的是，為何日本人念的是台東小學校，台灣人讀台東公學校，原住民讀蕃童教育所。

當時的漢人住屋都是土角厝，用泥巴和上稻草、稻殼做成一塊塊泥磚砌成的，上面再鋪竹片、稻草或茅草，一層一層加以綁牢，屋頂就完成了，也有一些人家用鐵皮屋頂，講究一點的會在牆面塗上一層泥土，再塗上一層厚厚的石灰，看起來就嶄新無比了，我家就是這樣。記憶裡，父親在前廳開了「啓泰食料品店」，是個小雜貨店，隔壁是一家牙醫，對面的和菓子店是從熊本縣搬來的人開的，那是他們世代相傳的老店，以店主的姓氏取名「木下菓子屋」，一家人都和藹可親，我和鄰居小朋友到對面小溪流摸蛤仔、抓泥鰍，或在街上玩的時候，他們常拿和菓子出來請我們吃，裡頭經常是軟糯如泥的紅豆餡，我到現在還記得紅豆小饅頭咬下去的甜美滋味，孩提時的我，吃上一口就想笑。除此之外，還有各種口味的羊羹、麻糬，我的童年時光，就在甜滋滋的人情中逐漸成長。

戰後他們一家回到熊本，跟我們家還有聯繫，後來我申請到日本留學，就是請這家人幫我做保的，可惜因為我有親日的紀錄而沒去成。

這條街上還有很多家日式餐廳，日本軍人一放假就會來這裡聚餐，他們的營區在靠近海邊那一帶，也就是今天的琵琶湖附近，在我幼小的眼裡，他們的整齊、紀律森嚴乃理所當然，直到二戰結束，日本政府離開台灣，國民黨軍隊來了，我那時國小五年級，和全校同學一起到現在寶桑中正路上的中華會館迎接國民軍，看到的卻是一群衣衫襤褸、軍紀渙散如同土匪的軍隊，連綁腿都綁得亂七八糟，大吃一驚，那時才感覺過去日本兵的英勇。

因為住在日本區中，所以看過很多日本人的木造房子，和我們住的土角厝很不同，不過除了對面的菓子屋店鋪，我不曾進去任何一戶日本人家，但常到公學校對面的武德殿玩，地點就在今天國立台東美學生活館所在地，那是一棟建於日本昭和十三年十二月，用櫸木搭建而成的木造房子，仿唐式的歇山簷式屋頂建築，乃軍警人員練習劍道、柔道的場所，非常壯觀漂亮，裡頭有各種打鬥的刀劍，日本人在練劍的時候，在外面就可聽見清脆尖銳的劍棍互碰打擊聲，此起彼落，讓我幼小的心靈不禁崇拜起日本武士，幻想著有一天也能成爲一名武士，所以小時候的我，走起路來就學著這些武士，眼看天頂不看地板，一副桀驁不馴的模樣，如今想來，自己也莞爾一笑。

這棟建築保持得很好，戰後改爲社教館、圖書館，但在一九八〇年代因年久失修而被拆，當時還在地方引起一陣爭議，最後難敵拆除命運，而台東市區一棟棟樸實雅致的日式房舍也紛紛拆除改建，實在可惜！後來我學了木工，在台北看到被完整保存下來的日式木造建築，更加惋惜這原本美好的日式木屋。

年幼的我，尙不曉人事，更不會知道當時的台灣正面臨天翻地覆的改變，在政治方面，台灣人不再大規模武力抗日，轉而進行社會運動，開始組織政治社團、文化社團，對當時的日本政府形成改造的壓力，而延續日本本島的民主風潮，實施民主。就在我出生的前一年，也就是一九三五年四月，台灣總督府發布地方制度改革法令，確立選舉制度，同年十一月二十二日，也就是我出生的前三個月，日本統治者舉辦了台灣有史以來第一次民主選舉，選出了一半市會議員及街莊協議會會員，另一半則由州知事派任。

在工業方面，因二戰的需要，日本總督府對於台灣的經濟重心則轉爲工業化，一方面維持既有的農產品生產，另外開發工業用品生產線，供輸日本國內需求。這種經濟模式其實是殖民國在殖民地發展的典型經濟模式，乃爲本國提供原物料和廉價的勞動力，但也兼顧台灣島內的發展，包括工業的基礎，爾後成功的走向現代化，在日本所有殖民地當中，就屬台灣最成功。而我此生的發展，也承續著日本當時在台灣所奠定的基礎，在職業教育以及職場中開展我的一生。

2 從「國語家庭」到白色恐怖

我的父母是高雄苓雅區人，兩人都目不識丁，結婚後才搬來台東討生活。家父黃极是一位小魚販，原本在市場擺攤賣魚，是個滿有生意頭腦的人。母親楊却則每日扛著扁擔，挑起菜籃到原住民聚落馬蘭社一帶賣菜，或「換蕃」，就是以物易物，所以除了閩南話之外，母親也講得一口流利的阿美族話。

父親很會做生意，信用很好，後來在家裡前廳開了個雜貨店，本地人、日本人都喜歡來光顧，讓我家經濟步入小康，經濟狀況比一般人家來得好。

我的兄弟姊妹們都在台東出生，我排行老七，上有四個哥哥、兩個姊姊，在我之後母親又生了個妹妹。由於我是家中么弟，備受寵愛。我還記得大姊夫每年都會做一雙皮鞋給我，他是鞋匠，我看著看著，也學會了做鞋。

由於家境還可以，父母都讓孩子念書，當四哥考初中時，我們家依規定需改日本名，父親認為黃這個姓不能丟掉，所以就加個蓋，改姓廣山，「廣山芳正」

就成了我的日本名，全家說日本語，成了國語家庭。

一九四一年大東亞戰爭爆發，日本皇軍大舉入侵南洋，那時的我雖然還是一個幼稚園的五歲幼童，已經接受嚴格的斯巴達式教育，每天由佐伯及西川兩位日籍幼稚園女老師帶隊，從台東市區的海山寺幼稚園徒步走到卑南山麓的田園拔草，因爲農民在那裡山坡上種植了大片的奎寧，學名叫金雞鈉酸，是天狗熱，也就是現在所說的登革熱及瘧疾的特效藥。當時農人把奎寧收成後晒乾，送到戰地裡，提供罹患瘧疾或天狗熱的日本戰士服用。

一個五歲的孩子竟然每日來回行走十三公里，而且一路還要高唱日本軍歌，到田園裡頂著大太陽蹲下拔草，那是何等辛苦的事！但在戰時就是這樣，依照現在的標準，那眞是血汗童工啊。我的童年，就在上山採奎寧，躲避美軍戰機的掃射下，過著辛苦的逃難日子。

上小學的時候還是日本時代，我從一年級到四年級都是讀日文，其實只有一年級可以好好念書，之後打仗都在跑防空洞躲炸彈，我還記得四哥念初中時，必須接受學徒兵的訓練。二戰結束，換國民黨執政，我從四年級後才開始讀中文。

我從小就是個集父母、兄姊寵愛於一身的小孩，非常頑皮，加上有旺盛的求知欲，經常打破砂鍋問到底，惹得老師認爲我老愛唱反調。剛上小學時，由於我每天早上都會去神社掃地，做祀奉的工作，所以雖然調皮，日本老師還是對我很好，但初中老師就不這麼認爲了，代數、幾何老師常常被我問倒，使得老師非常不開心，甚至因此受到處罰。想到這裡，就覺得遺憾，台灣的塡鴨式教育不注重思考思能的培養，有點想法的學生都被認爲愛搗蛋，久而久之，就抹煞了學生的好奇心與創造力。

我也常替弱小的同學打抱不平，當時同學裡有四大天王，我看他們欺負人了，就跟他們打架，因此常被處罰，老師覺得我愛打架，是壞孩子，所以每次我報名參加童子軍、軍中服務隊都被拒絕。

在政治上，我也和同輩一樣，經歷過政權轉換的驚嚇。國小六年級那年遇上二二八，我親眼看到很多人被抓、被殺。二戰時被徵召去當日本軍伕的二哥，好不容易才從海南島回來，馬上面臨國民政府的逮捕，他只好逃亡；我的小學老師爲了躲避追捕，躲進墳墓裡，我還曾冒險送飯糰給他。那個風聲鶴唳的年代，讓我對國民黨政府產生很深的怨恨與憤怒，開始想著出國留學，脫離國民黨政府的控制，所以我很早就開始進行留學計畫。

同學都知道我想出國留學，而且已經付諸行動。所以初中一年級那年的六月三日鴉片節，也就是紀念林則徐的節日，我被班上選爲代表，因爲他們知道我在農業試驗所的溫室裡發現一盆罌粟花，而且搬回家種植，想做鴉片賺錢來籌出國留學的經費。當然，這個可笑的計畫失敗了，我萬萬想不到的是日後通過赴日留學考之後，國民黨還是不讓我出國。

最後不得不，我擅改了證件上的身分，才蒙混過關，但去的不是日本，而是遠赴瑞士學木工，到德國交流參訪技職學校的經營，爲的是提升台灣的技職教育，這是我人生前半段的事業中很重要的部分，和最初想要逃避國內政治的初衷，已經沒有什麼關係了。

我的青少年時期，在台灣政權高壓統治與白色恐怖下，在恐懼與憤怒中接受國民黨反共抗俄的黨國教育，使我對民主非常嚮往，終於在壯年之時，遠赴瑞士及德國接受開放的民主思潮洗禮。

人生經歷數度政權轉換，度過不同時代氛圍，也養成不屈不撓、奮力不懈的精神，因爲信奉基督，心中有了信仰，所以行事不計個人得失，剛毅不阿，這樣的堅持讓我一路走來風風雨雨，常被許多親朋好友嘲笑是大傻瓜，但至今無悔。

3 那一代的教育家身影

影響我一生的人很多，其中一位是台南長榮中學戴明福校長，他是位教育家；另一位則是創辦公東高工的瑞士天主教白冷會會士、宗教家錫質平神父。

一九五二年初中畢業，我考上台東中學，新生訓練的時候，校長還是戴明福先生，當時我對他的認識並不深，只知他在台東中學當了五年半的校長。開學之後卻換來隨國民黨撤退來台的鄧芝如校長，他來自福州顯赫世家，早年留學日本，通曉日語。那個年代，黨國推行的是仇日教育，雷厲風行的推行國語，也就是北京話。一日，我在學校唱起日本歌謠，被鄧校長聽到了，馬上記了我一個大過。我很生氣，第二天就離家出走，打聽到可搭貨運行的卡車，隻身前往台南去找已轉任長榮中學任職的戴明福校長。

校長了解我的情況之後，建議我轉到長榮中學就讀。我便依著他的建議，在學期中轉學。長榮中學不但破例收容了我，校長還在他所居住的校長公館客廳旁，騰出一間小房間作爲我的寢室。至今我仍非常感念他的慈愛與包容。我的父母因爲忙於生意，對孩子的教育向來採取放任的態度，不會干涉我的決定，給了我很大的自主空間，讓我也減少了來自家庭的障礙，這點還眞得感謝我的父母。

戴校長是一位虔誠的基督徒，早年留學日本，畢業於廣島高等師範學校數學系，是台灣大名鼎鼎的數學家，也是讓人尊敬的教育家。住在他家那段時間，每晚我都和他全家在客廳聚會，也就是家庭敬拜，其長女戴素純小姐彈得一手好鋼琴，全家大小合唱著兒童聖歌，輪流讀著聖經，並由校長夫人帶領禱告，這短暫的時光是戴家每日的心靈功課。禮拜後全家談笑風生，其樂融融，每個人都把白天在學校經歷的紛擾摒於門外，唯有親情滿溢於屋內。

戴校長以宗教信仰塑造兒女們崇高的人格，與敬神愛人的情操，讓我非常羨慕這樣一個幸福美滿的基督家庭，尤其在那青澀的青少年時期，能夠有一段時間親臨體會，心靈得到莫大的滋潤，是我人生很大的福氣。每晚做完家庭禮拜後，校長會留我在客廳指導當天在課堂上所教的數學。高三時，他擔任我們班的解析幾何老師，我因而打下扎實的數學基礎。能受他的教誨，我畢生心存感激。

一九五四年，戴校長為我申請日本玉川大學農學院農化系的獎學金及入學許可，鼓勵我赴日留學，這也是我自小的願望。當時法令規定必須擁有大專畢業學歷，服完為期一年的預備軍官役，並通過教育部舉辦的留學考試，才能辦理出國手續。所以我先讀了台北工專化工科，並於一九五七年通過留學考試。

由於等不到一紙召集令，就先接受台東女中許俊哲校長的邀請，應聘到學校擔任數理教師。我是剛從學校畢業的年輕單身小伙子，才二十一歲，長相清秀，身形修長高挑，一來就擔任高三的解析幾何課程老師，在當時保守的社會氛圍底下，眞是一件破天荒的事。因為戰亂，許多人延後入學，我教的班上就有年紀比我稍大的女學生，校方還是有些顧慮，便把我的宿舍安排在訓導主任隔壁，有點就近監視的意味。當時的風氣有多保守呢？舉個例子，我初中的時候，男、女同學在街上遇到講了幾句話，被校方看到，就會被記大過。男、女生不得接觸的程度超過授受不親。

爲了展現我的數學實力，每次上課我只帶三、四根粉筆，不帶圓規、三角板等教具，也不帶課本。我的板書字體工整，徒手就可繪出圓形，畫直線也是頂直的，很受學生歡迎。我想我之所以能如此展現雄厚的實力，都是因爲戴校長過去的調教有方。

在台東女中執教一年之後，我收到入伍召集令，於是辭去教職入伍受訓，被編派在陸軍官校留學軍訓隊，只服役四個月，那是專門爲特權階級專辦的軍訓隊，空前絕後，僅有一梯，我剛好搭上這班便車，退伍之後就有上尉的軍階，不然一般大專生都要當一年的預備軍官役。同梯的同袍隊友包括劉家昌、高希均、陳履安、陳明，多是高官之子，退伍後也都順利出國留學，唯有我被擋了下來，因爲我有親日的紀錄，初中時曾在學校講日本話，唱日本歌被記大過，無法通過人二室的忠貞調查。

另一項黑紀錄是在一九五七年三月發生「雷諾事件」時，我在現場觀看，因而被警調單位記下。

這個事件起因於革命實踐研究院的少校學員劉自然參加朋友婚宴後返家途中，私自進入陽明山美軍宿舍群區中被槍擊身亡，外事警官逮捕了駐台美軍羅伯特·雷諾上士，經駐台美軍軍事法庭審理，宣布羅伯特·雷諾誤殺了劉自然，無罪釋放，並且不准上訴。一時之間，輿論譁然，六千民眾於五月底在美國駐台北大使館門前抗議，朝大使館丟擲石頭，翻牆而入，砸毀了大使館的汽車、家具，燒毀部分文件，也毆打了使館人員，並包圍美軍協防台灣司令部，甚至對警用車輛縱火，衝入台北市警察局。這樣的抗爭在戒嚴時期何等嚴重，然而事發後警方卻在十個小時後才姍姍來遲，顯有刻意操作之嫌。當時我因好奇而到美國大使館周邊觀看，就被情治人員記錄了，成了黑名單之一員，即使通過留學考試，還是沒辦法出國，完全打翻了我自小即開始布局的留學計畫。

退伍後沒辦法出國，先回台東在新港國中教書，其後又北上在台大醫學院公共衛生實驗院上班，負責台北市城中區特許營業的管理，這個工作主要做業者的水質、空氣等汙染物的分析，是個肥缺，但誘惑很多、下班還常常需要跟業者應酬，那是結構性的問題，任何人在裡頭都很難脫身，讓我感到不安，因爲我計畫出國留學，很怕哪一天出事，所以即使台大醫學院公共衛生實驗院要栽培我，要送我去夏威夷念公共衛生，我還是拒絕了。只工作了三、四個月，我就收拾行囊回到台東。其實如果我敢做，在這個工作上一定有很好的機會，因爲在長榮中學就學期間，有多位背景顯赫的同班同學，例如其後擔任過副議長的林仙寶，以及前台南市長、高雄市長蘇南成，可以營造很好的政商關係，但我並不是那樣的人。

1

2

3

1 五歲的黃清泰全家福，後排左二黃父黃极，左三是黃母楊却，中為祖母。

2 留學生軍訓在陸軍官校受訓，前右二為黃清泰。

3 戴明福校長。

第二章

我在公東的那些人、這些事

1 留學夢碎進入公東

當我辭去台北的工作回到家鄉台東，二度在台東女中任教，一心想的還是出國一事，一則為了求學，二則想擺脫黨國的控制。

在那個年代，新生國中、馬蘭國小前那車水馬龍的新生路，還是一條大約兩米的牛車小道。附近居民均為馬蘭社的阿美族人，只有幾戶漢人零星的散布在聚落中，放眼望去盡是一片綠油油的稻田，灌溉圳溝的清泉泯泯流入一畝畝水田中，清澈見底，一群群的大肚魚和小蝦在田裡自由自在的游著，這番景致，如今已無法再現。

我經常騎著腳踏車經過台東糖廠附近，遠遠就看到隔著稻田的那邊有一群人在蓋房子，他們用竹子搭建起密密麻麻的鷹架，工人們忙碌的來回穿梭，推著獨輪車把水泥漿送上各個樓層，和其他工地不同的是，這個工地有幾位金髮碧眼的外國人在那裏比手畫腳、大聲吆喝，其中一位長得十分高大壯碩，每天親臨監工，後來我才知道他是來自瑞士的錫質平神父（Rev. Jakob Hilber）。

我聽說那是天主教蓋的一所教會學校，還聽就讀於台東高中的侄兒黃哲才說，他的公民老師是一位擁有博士學位的神父，即將要在這個學校當校長，而且學校還會聘請一批外籍老師參與教學，讓我驚訝不已。

不久，學校蓋好了，那棟新穎的四層樓清水模校舍，成了當代最摩登的建築，頂樓還有座公東教堂，至於我侄兒口中那位即將上任公東高工第一任校長的公民老師，便是李先達神父。

然而，我有所不知的是，這棟建築是來自瑞士的錫質平神父帶著學徒班的學徒一起蓋的，算是實習課的一環。

當時台東縣已有一所男中、一所女中，另有高農、高商，都是公立學校，除了高商之外，其他三所學校的校舍都是日治時代留下的木質平房，而這個教會學校竟然擁有四層樓的校舍，非常醒目的矗立在市郊一片綠意稻田中，成爲當時台東最高的建築物，當然引來話題，大家都說那是台東最高學府！我心裡則忖度著，或許那是我的機會。

隔年，也就是一九六〇年，公東高工獲准成立了，應聘各類專業老師，在陳東碧老師的推薦下，我跟李先達校長面談之後，如願獲聘，從此開啓長達二十七年的公東教學生涯。

之所以捨棄穩定的公立學校教職，到私立學校任教，不可否認的，當時的我非常嚮往外國，認爲外國人蓋的學校一定好，又可以接觸外國人，也算在無法出國留學之下的權宜之計，心想或許未來有出國機會也說不定。

果不其然，我不但在這個學校認識了影響我一生最重要的第二個人，也就是來自瑞士的天主教白冷外方傳教會的錫質平神父，八年之後，在校方的鼓勵下，先後到瑞士、德國進修，彌補了當年無法赴日留學的遺憾。

2 公東高工的誕生

一九六〇年，公東高工獲准成立，爲台東第一所高工，第一屆僅招收機工科及家具木工科各三十名，是當年唯一設有家具木工科的私立高工。辦理立案時，教育廳指定必須跟隨美國技職教育制度，也就是單位行業制來辦學，此乃基於當時台灣的技職教育接受了美援的挹注。

技職教育在全球有兩大系統，一是美國的單位行業（Unit-opeation），一是歐洲各國所採用的學徒制（或稱雙軌制Dual-system）。這兩大技職教育系統使歐美國家躍進工業先進大國的行列。

台灣在日治五十年之後，基礎建設已打下現代化的基礎，比起陷入戰亂動盪的中國大陸富饒許多。只是二戰後民生凋敝，百廢待舉。從一九五一年開始每年接受美國高達一億美元的援助，在美方的建議下，台灣省立師範學院亦即現今的台師大成立了工業教育學系，並建議台灣採用當時盛行於美國的「單位行業」

制，由台中高工首先試辦，隔年全台公立高工全面實施。

美國的單位行業制在各種職業下細分各類技術，這些技術都可以獨立成爲一種行業，在教學上便以一個「單位」代表一種行業，很有彈性，大約在二戰後發展一段時間，隨著科技進步並講求通識教育而消失，改以群集教育。

一九七一年台灣退出聯合國，當時行政院長蔣經國推動十大建設，由於工商行業技術人力需求大量提升，經合會及教育部便邀請西德職業教育專家來台協助改善台灣技職教育，並新設彰化教育學院工廠師資組，以培養技職學校師資，至此，歐洲的學徒制也在官方的帶動下，對台灣技職教育的師資培養產生影響力，而後逐漸形成美國、歐洲兩種不同制度在台灣技職教育中的相互抗衡。不過，唯一落實歐洲學徒制的只有公東高工，在第三屆招生之時就改弦更張，採用學徒制了。

根據錫神父後來的說法，他曾經想過引進世界一流的瑞士鐘錶製造技術，在台東辦鐘錶製造科或修護科。但專家評估後，認爲台灣是海洋島國，氣候潮溼，台東又吹季節風，秋季有風沙，不適合鐘錶製造，因此作罷。

從當時的校舍、設備及師資陣容來看，公東的陣容不比公立高工差，師資群有三位博士、四位本國教師、四位實習工廠外籍教師。三位博士是校長李先達、教導主任王秀谷、總務主任黃貴謙等三位神父。三人都很親和，當年才三十幾歲，都是來自中國東北的流亡學生，跟隨主教于斌一起來台，很優秀，所以于斌送他們到羅馬傳信大學讀書，取得博士學位。

校長李先達神父是個好好先生，不會得罪人，沒什麼架子，學生常找他聊天，由於他很喜歡打橋牌，就約著學生一起打，也常到宿舍跟老師聊天，後來調到康樂傳道學校，培養傳道員。

教導主任則由王秀谷神父擔任，他個性直爽，經常叼根菸斗，一派學者模樣，跟學生沒那麼親近，專業是哲學，曾任大學教授，在公東教英文，後來離開公東到輔仁大學哲學系任教，基督教長老教會裡多位牧師都是他的學生。總務主任黃貴謙神父是法學專家，很客氣的一個人，常跟老師、學生打成一片，他教授公民與道德，晚上也給住校生上宗教課。

在那個年代擁有博士學位的人如鳳毛麟角，不像現在博士滿街跑。不過他們只在學校擔任一年多的職務，就受到總務處採購弊案的牽連，而被白冷會轉調其他職務，誠爲可惜。

四位教員則包括台灣師範學院工業教育系第一期畢業生陳東碧老師，第二期畢業生陳清修老師，以及出自同校教育系的張雪庭老師，我則畢業於台北工專化學工程科，擔任數理科教師。

實習工廠均由外籍老師擔任，他們都是來自瑞士、學有專精的一流技師，包括機工科申樹德（Hr. Schawald Kurt）、師牧恩（Hr. Schafer Robert）。木工科的葛士賢（Hr. Geiser Hugo）、谷振東（Hr. Cuennert Francis）。

文書幹員欒夔先生則是一位飽學之士，文筆很好，擔任李先達校長的祕書，對外書信、公函都是他一手包辦，同時也擔任外籍老師的華語教學。

這樣的師資陣容果然有不凡的成績，一九六三年七月舉行機工科及家具木工科第一屆學生畢業典禮，並於省立台東社會教育館，即現今之台東國立生活美學館舉行第一屆學生畢業成果展，獲得各界好評，公東高工的實力大獲肯定，成爲明星學校，甚至有學生考上台東中學、台東師範學校，卻選擇公東就讀，至於升高二的學生放棄就讀原校，重考進入公東的也不在少數。

說起校名「公東高工」還眞是一個難記的名字，很多人叫錯，甚至報章雜誌、政府機關的正式公文都會寫成「台東高工」、「東公高工」或「東公高中」。因此，就有一些人建議改名。曾有一次，我從台東搭往直達高雄的金馬號巴士，車行經過公東高工，乘客們看見車外寢室大樓後面的「公東高工」四個大字，紛紛好奇的猜那是什麼機構。其中一位旅客竟說：「它是台東、高雄公路局修理工廠啦！」我不禁暗暗竊笑，這人的想像力未免太豐富了吧！

其實此名源於德文 Handwerkerschule，直譯則為工藝學校。而公東高工的「公」，是公教會，也就是天主教的意思。「公東高工」亦即天主教在台東設立的高級工業職業學校，全名為「天主教台東縣私立公東高級工業職業學校」，簡稱「公東高工」，有時也說「公東」。

3 公東高工的前身——原住民學徒班

很多人都知道錫質平神父創辦公東高工，採德瑞學徒制，但未必知道公東高工在成立之前，還創辦了原住民技藝訓練班，一般稱爲學徒班，可謂學徒制的先行試驗班，在我進入公東高工初期，曾經一度參與學徒班從學校遷出到寶桑天主堂的設置工作。

錫神父於一九五三年十月從瑞士來到台灣台東，剛來台灣的他，年輕力壯，忙著在台東各部落蓋教堂、診所，幾乎達到「一村落一教堂」的程度。他還特別關心教育問題，興建許多學生宿舍，最知名的一座當屬台東市的「培質院」，爲偏鄉學生解決在市區求學的食宿問題，前高鐵董座歐晉德在求學階段就曾經住進這個宿舍。

很快的，他就發現台東半數以上都是原住民，不同族群的部落散布各地，社經條件普遍低落，擁有的機會遠遠低於平地人，而且農業落後，工藝原始，普遍貧窮，從那時開始，他就思考如何讓原住民脫貧，並計畫引進瑞士職業教育中的師徒制。

當時台灣工藝的傳承也是採學徒制，許多國小畢業，甚至失學的青少年會選擇到一些小型家庭工廠當學徒，老闆通常就是師傅，但台灣的師傅習慣留一手，認爲那是個人的謀生絕招，一旦被徒弟學去了，就會反過來成爲競爭者，這讓頂尖技術無法流傳或交流，限制了台灣工藝的發展。再者，許多師傅只注重自己的利潤，不那麼在乎傳承與教學，讓學徒無法有系統習得技藝，因此，很多學徒在師傅那裡待個幾年，偷學幾部套路，便自立門戶，就是一般常見的粗淺的工廠，成品並不精良。

錫神父看出這些問題，便於一九五八年成立了原住民學徒班，供吃住，學雜費全免，同時從瑞士德語區請來天主教職工青年來傳授技藝，他們個個都是學有專精、技術精良的一流技師，包括木工師傅徐益民（Hr. Huesler Peter）、水電師傅白啓民（Hr. Berger Werner）和機工師傅李濟民（Hr. Liener Paul），他們帶著學徒在各部落的教堂、學生宿舍工地中，從實作中學習。

當時，台東縣長黃拓榮也和錫神父提及台東缺乏職業學校，希望能成立工業職業學校來教育當地青年。錫神父便向瑞士天主教勞工協會（Brucke Bruderhilfe）募得了籌建「公東高工」的第一筆款項一百五十萬元，成立了董事會，由蔣復璁（一八九八—一九九〇）擔任首任董事長，校舍隨之動工，這群學徒班的原住民學徒也就跟著錫神父蓋起了公東高工。

只是，公東高工立案後，原本就處於弱勢的原住民青少年卻考不上，錫神父只好繼續招收學徒班，並更名爲「公東高工附設學徒班」，所以公東高工成立之初，同時存在著正規班的高工生，以及學徒班的學徒，但是這來自不同體系、不同族群的兩組學生卻時起衝突，而且外籍老師與學徒班學員一直以來朝夕工作，師徒之間建立深厚的情感，加上學徒班實作課程多，自然熟能生巧，所以在實習課時，中文表達能力有限的外籍老師常讓學徒操作機械示範給高工生看，便引起那些學生的不滿，爲排解兩方的衝突，讓學校傷透腦筋。

再者，當時公東高工的實習課全仰賴瑞士籍老師授課，本國籍教師僅能擔任普通學科的教學，導致實習課的工廠實作與理論課嚴重脫節，究其因，在於當時投入技職教育的教師欠缺實務經驗，這也是台灣技職教育的通病。

正當大家絞盡腦汁，想盡辦法處理這些令人棘手的問題時，雷化民神父（Rev. Franz Raimer）出現了。他原本在新竹學華語，一九六二年一月底課程結束後來到台東，加入白冷會傳教工作。教會指派他擔任寶桑天主堂駐堂神父，幾經協商之後，就將公東高工附設學徒班移到寶桑天主堂讓他負責。在王志遠校長的指派下，我協助雷神父在寶桑天主堂處理「公東高工附設學徒班」的工作事宜，從此，學徒班便正式從公東高工分離。

不過，王校長認爲學校內還需要保留一班焊接班的學徒班，因焊接科不在教育廳核准招生的科別之內，再者費用高昂，且依照雷神父初步的構想，要把學徒介紹到民間工廠學電焊技術幾乎不可能。於是，校內的焊接班不對外招生，專收原住民學員，由薛弘道修士負責，並在學校內設了一間焊接工廠。

雷神父起初在寶桑天主堂設機工、木工及縫紉三班，仿造歐洲德瑞學徒制，介紹學員到民間工廠，如汽機車修護廠或家具店當學徒，白天在工廠跟師傅學藝，晚上回寶桑天主堂教室上課，學習行業計算、行業製圖等專業課程，由我和陳清修老師爲學員上課。但是，工廠老闆常違反約定，以加班爲由不讓學徒下班。白天在民間工廠習藝，晚上上課，在台灣社會根本行不通，雷神父乾脆在寶桑天主堂對面購地，蓋一棟地下一樓、地上三樓，包括工廠、教室宿舍的大樓，由黃在成建築師所設計，於一九六五設置完成。

當時機工班由馬利民（Hr. Bertschy Marius）負責，木工班由孔來順師傅負責、縫紉班由方傳道夫人負責。後來木工班移到康樂天主堂，由我及牧安東（Br. Amrein Anton）修士負責，一切才大致底定。牧修士一直服務到被派到南美洲哥倫比亞傳教，才結束他在木工班的奉獻。隨著台灣經濟快速成長，人才需求孔急，一九七六年雷化民神父另外籌募資金設立「東區職業訓練中心」，擴大規模以符合時代需求，公東高工附設的學徒班也因此走入歷史。

1

2

3

4

5

6

1 任教台東女中時的黃清泰（右）和馮紀澤合照。

2 第一位來台的徐益民（左一）老師帶著學徒班學員蓋公東校舍。

3 學徒班學生與工人在外籍技師的帶領下蓋公東校舍。

4 興建中的公東高工。

5 剛蓋好的公東教室大樓。

6 公東高工校門。

4 那些離鄉背井而來的瑞士志工

錫神父在一九五八年成立原住民學徒班時，便從瑞士請來三位天主教職工青年當志工老師，個個都是技術精良的技師，包括木工師傅徐益民、水電師傅白啓民和機工師傅李濟民。從這第一批跨海來台的外籍老師所取的中文名字中，就知道他們具備濟弱扶傾之志，當年我辭去工作，甫自台北歸來，在台東糖廠遠遠看到幾個老外帶著學徒蓋學校，就是這幾個人。

白啓民和李濟民於一九六一年完成建校任務之後便返回瑞士，接著就有第二批外籍老師來到公東，包括來自瑞士德語系的機工師申樹德（Hr. Schawald Kurt一九六一—一九六六）、機工師牧恩（Hr. schafer-Robert一九六一—一九六六）、木工師葛士賢夫婦（Hr. Geiser Hugo一九六一—一九六九），以及來自瑞士法語區的木工師谷振東夫婦（Hr. Cuennert Francis一九六一—一九六六）等六位，他們分批而來，前後總計二十五位。

這些老師不論在教學或工作都很嚴謹，記得我剛進公東任教時，對於實習教室的外籍老師以及先進的機械設備很好奇，有一回想進去看一看，馬上被在裡頭工作的外籍老師轟出來，他們對於工作倫理及安全非常重視，不會讓不懂的人接近機器。

在公東任教初期，我接待過許多參觀公東高工的各界人士，他們都驚訝於這麼偏僻的後山台東的職業學校竟然有先進的進口實習設備，以及那麼多來自歐洲的外籍技師傳授技藝。其中，對台灣木工教學貢獻最大的兩位是徐益民老師和葛士賢老師。

成為台灣女婿的徐益民老師

當年以木工為職業的人都是從學徒做起，三年六個月即可出師，屬於社會階級較低的職業。坊間還流行一句話：「讀書的不學木工，做木工的不讀書」，所以早期台灣沒有學校開設木工科，公東高工創校初期也因此師資極為缺乏。

徐益民老師初來台時，就帶領學徒班學員協助錫神父興建校舍，公東高工招生之後，又在學校教了兩年，之後被行政院經濟合作委員會（經合會）高薪聘請，停留了三年，以培訓省立嘉義高工及新竹高工的木工師資。在嘉義期間，徐老師認識了一名開業醫生的千金黃瑞娟小姐，兩人相戀結婚，後來定居瑞士蘇黎世。

他在公東任教期間留下很多親手繪製的、極爲珍貴的木工榫接設計圖，全都畫在透明紙上並上黑，手寫的工程字跡非常工整。二〇〇五年我在芬蘭赫爾辛基執行第三十八屆國際技能競賽門窗木工職類評審，工作結束後，大會安排各國國際裁判參觀音樂大廳，這是爲了記念該國偉大的音樂家西貝流士，以木結構建造的雄偉建築，芬蘭人相當引以爲傲。大廳旁有一棟不起眼的三層小洋房，在那裡擺滿了建造這間木造音樂大廳所應用的各種木工榫接的模型及藍圖供人參觀。

我立刻想到公東應該把徐益民老師在建校初期所繪製的木工設計圖，以及白冷會在東部傳教過程中的歷史文物收集起來，因此想向白冷會提出建議，把貞德學舍改成記念瑞士天主教在東部宣教的歷史文物館。回國後立刻委請留德的學生劉文等人向學校交涉，可惜校方回說，已全部丟棄了，因現代電腦發達可隨時用電腦繪圖，再也沒有保存的必要了。

眞是令人喟嘆，台灣人長期在殖民體制底下，受到政府刻意淡化甚至扭曲歷史眞相的影響，讓台灣人無法體認文物的珍貴，而未曾善加保存建校文物，眞是可惜。

影響公東改行瑞士學徒制的葛士賢老師

第二批來到公東的葛士賢老師對公東技職教育體制影響至大，他強力主張採用歐洲學徒制，不但爲公東高工家具木工科從瑞士募集許多先進的木工機械，也在公東高工服務長達七年之久，是留任最久的外籍老師。

葛老師早年畢業於瑞士著名的伯恩技術學院木工師傅學校，通過木工師傅國家考試。他和一般瑞士工藝師一樣，從工廠學徒做起，是一位工作經驗豐富的高級技術人員。他於一九六〇年來到公東，一來就參與瑞士天主教白冷會對台灣當前技職教育的檢討。他認爲台灣公私立高級工業職校所實施的美國單位行業制度，在工廠實習時數上安排太少，又認爲一班學生人數過多，應實施小班制，否則難以培養技術扎實的基層技術人力，以參與國家經濟建設，滿足開發中的台灣社會對於工業技術人力的需求。

他指出，台灣技職教育處於教室的教學活動，學生欠缺工廠實務經驗與工作能力的養成。這種以升學、就業並重的技職教育目標是錯誤的，因此極力主張公東高工必須改變學制，實施歐洲普遍採用的學徒制。基於上述原因，經深入檢討後，校方於一九六二年初邀請聯合國國際勞工組織派駐台灣的職業訓練專家安川（Mr. Aantronry）博士、教育部專員康代光委員、行政院經濟合作委員會褚應瑞先生，以及全國總工會總幹事萬林山先生等人，來校參觀並舉行座談會，檢討當前台灣工業教育的得失。會中，公東高工決定實施瑞士學徒制，並建議政府舉行技能檢定考試，這對台灣日後的工業教育有著極其深遠的影響。

除了公事往來外，葛老師在公東任教時，我和他的宿舍在隔壁，他三個孩子都在台東出生，我們相處得很好，有好吃的東西都會互相分享。

他回國後在伯恩省一家滋福祿（Zurfhur）公司任技術部門的主管，而後伯恩有一間木工廠老闆年邁退休，因兒子不願接手，便把公司無條件奉送給葛老師，以感念葛老師曾經遠赴台灣擔任七年志工老師。葛老師接手後改名為 Geiser Schreiner AG，目前交給長子葛馬谷（Mr. Markus Geiser）一起經營。

回顧過去，那些回應錫神父號召來公東任教的技術志工，像跑接力賽的選手，前棒交後棒，一批接著一批來到台灣，細數從一九五八到一九七四的十七年間，總共二十五位來自瑞士、德國、奧地利的外籍老師來台傳授水電、木工、機工等課程，一直到技術轉移，協助公東培育出本土師資後，才離台返回母國，每一位都貢獻良多。我還記得最後一位來台的是瑞士籍的機工周佳祿（Hr. Zool Galius）老師，一九七四年他在完成任務後，與夫人於相偕回國。

5 為了編纂教材，開始學木工

公東高工頭兩屆的學生均實施美國單位行業制技職教育制度，教學組長陳東碧老師、機工科導師陳清修老師分別負責機工、木工兩科專業課程。我則是數理老師兼家具木工科導師，兩位陳老師分別教鉗工工作法、機械概論等課程，至於製圖，僅止於投影幾何、三視圖、工程字及簡單機械零件的剖面圖等基礎課程。

陳東碧老師上課非常認眞，爲了珠算課，自製了一支大型計算尺，擺在教室黑板前面，讓學生學習使用，以此代替珠算課程。計算尺可乘、除、開平方、開立方、各種角度的三角函數且兼具運算的功能。在還沒有電子計算機的年代，是學理工科的人必備的工具，否則在紙上靠筆運算是不可能的，但教育部的課程還用算盤教珠算，實在太落伍了。可惜，陳東碧老師自製的計算尺已經遺失，若保存到現在，那必是公東珍貴的校史寶物。

在應用方面，說實在的，我們三人都沒有實務經驗，特別是家具木工這一行，不要說專業知能，連一般木工的知識都很欠缺。一九六〇年代木工專業書籍實在太少了，公東只靠一本由師大工教系鄭增祐教授編的《木工概論》當教材，全書四十頁不到，適合高中美勞課使用，但專業性不足。幸好，我懂日、英語，可以靠著外文書籍來補充教材，所以木工的專業課程教材由我包辦。

我從圖書館借來日、英文的木工書籍，翻譯成中文，寫成教材印講義來教學生。在閱讀不同語言的專業書籍過程中，我發現歐洲國家的工作方法與東方和美國有所不同，例如以拿鋸子鋸木材來說，東方人鋸木材的動作是拉（Ziehen）鋸子，歐洲人則是推（Stossen）鋸子。雖然我可以群覽書籍來編教材，但實務經驗不足，所以我徵得瑞士籍葛士賢老師的同意後，就和陳清修及新到任的王竹根兩位老師，一起上他在晚間給學徒班開的木工製圖課，當時全校學生都以奇怪的眼光看我們。

當時我向葛老師借得一本歐洲普遍採用的《木工學》（Europa Lehrmittel Fachkunde fuer Schreiner）當教科書，又到書局買了一本《德華標準大字典》，逐字查字典做出翻譯，並參考日、英文專業用詞，翻成適切的中文並寫成教材。

在那連木工工具的標準名稱都沒有的年代，我得向坊間老師傅請教工具俗名，然後取一個與日文、英文、德文均合意的中文工具名稱，眞是一件不容易的任務，不過我的外語能力就這樣一點一滴培養起來，教材也這樣慢慢編寫出來。這本陪伴我六十多年的字典，至今還在使用。

那個年代，師資不足，很多老師都必須兼任非本科專業教學，我也不例外，除了數學、理化，還教體育、美術及音樂。後來我的課越來越繁重，美術課才請蘇德豐神父（Rev. Gottfried Sutter）來教。

蘇德豐神父是一位宗教藝術家，曾以花蓮大理石碎片爲台灣基督教長老教會台東教會砌成一片宗教藝術牆，表達「殘缺者就耶穌」之意。他很欣賞中國民間廟宇的宗教藝術，每次上美術課就帶學生到海山寺手繪神明桌的雕像花樣，對於學生的畫作，他特別要求圖像必須符合美術最基本的黃金分割比例。他也擅於音樂，公東高工的校歌就是欒蘷先生作詞，再由蘇神父編曲。

那年，我們一起唱的〈菩提樹〉

至於我的音樂教學，還好！公東沒有音樂教室、沒有鋼琴，否則我就慘了！因為我不是學音樂的，也不會彈鋼琴，讓我教音樂豈不是笑話一樁？但是，先別笑我，兩位陳老師在就讀師院工教系時第二外語選修德文，所以會一點德文，看他倆好神氣，所以我在音樂課教學生唱德國世界名謠，如舒伯特《冬之旅》中的〈菩提樹〉〈羅蕾萊〉及聖誕歌曲，並教學生背德文歌詞。

我這音樂素人苦心教唱德國歌曲並沒有白費，一九九五年適逢瑞士白冷會設教一百週年，我帶領第一、二屆公東高工畢業校友及其家眷共二十多人組成的團隊到瑞士茵夢湖白冷會總會慶賀，同時與會還有來自各地貧窮國家的信徒代表，全都湧入風光明媚的茵夢湖白冷會總會所，穿著傳統服裝，載歌載舞前來慶祝這個慶典。在此之前，我向畢業校友募款新台幣一百萬元作為賀禮，聊表公東校友對白冷會的感念。此行我們受到葛士賢老師熱烈的招待，他在美麗的琉森湖畔的豪華餐廳招待我們晚餐，我又順便帶團遊覽奧地利及德國，參觀舒伯特故居，我在故居門前噴水池旁的一棵菩提樹下，以德文高歌舒伯特創作的世界名曲〈菩提樹〉，沒有想到大家竟然都跟著唱起來。

當我們從法蘭克福萊茵河岸搭乘客輪南下欣賞萊茵河兩岸風光，彷彿瀏覽動態畫冊，客輪行駛到萊茵河最狹窄，水流非常湍急之處，同船遊客高唱德國民謠〈羅蕾萊〉，並舉杯喝葡萄酒互道幸福、健康，我的學生也以德語齊聲高唱，船上的遊客聽到這群東方來的遊客，竟然能唱德文歌曲至爲驚訝，沒想到三十五年後他們還記得我教的歌曲，實在太令我感動了，以前的教學總算沒有白費。

改行學徒制，全校招生人數十二人

公東高工初期實施美國單位行業制，在課程的安排上，學科與術科時數比約爲百分之六十比百分之四十。其中，學科中的專業科目只占六至七個小時，而且科目與大專院校同科系略同。顯然課程安排是以升學爲導向，就業爲輔，一年後檢討發現諸多缺失。

首先，從這樣的比重來看，顯然重理論、輕應用。二則實習工廠機械設備不足，實習課只好分組進行，五至六人一部機械，其中一人操作，其他人只能在旁觀摩，所以即使實習課每週排十五小時，但學生學習操作機械的時間有限。

瑞士籍葛士賢老師認爲這樣難以培養扎實的技術，在他大力主張推動下，白冷會亦經過深切檢討，才有其後的改制。之後王志遠校長依照白冷會共識向教育部提出計畫，獲准試辦，公東高工於是在創校兩年後，廢除美國單位行業制，第三屆新生就改採歐洲學徒制，機工科由三年改爲四年，招生五名；家具木工科仍維持三年，招生七名，貫徹小班制教學，學科與術科比重爲一比三，實習課採行一人一機。至於新生入學考試，除了考國、英、數及理化外，還需加考技能測驗及口試。

爲了與第一屆、第二屆所實施的美國單位行業制技職教育有所區別，對外一律以舊制、新制稱呼。當招生簡章印出來時，台東各界爲之譁然！想報考公東的學生家長不滿的說，鎮內中華路理髮廳一次招學徒就不只十人，這麼大一間教會學校才招這麼一點點學生！台東縣議會議長兼公東高工董事的許添枝先生，曾應縣議員及考生家長的要求，希望王校長考慮增加錄取名額，以利台東子弟就讀公東，造就更多工業技術人才。縣議會甚至作成決議，正式行文學校。

公東當然不可能妥協，錫神父認爲要辦好教育，即使教會須挹注龐大經費也在所不惜，只要能讓青年學子學到扎實的技術，一切投資都是值得的。這次的學制變革奠定了公東高工技職教育訓練的基礎，在台灣技職教育史上留下重要的一頁。

改制之後，在課程的安排上亦卯足心思，一週有三十六節實習課，白天幾乎都在實習工廠學習技藝，一般課程如國文、英文、專業科目，則挪到晚間上課，課程內容也與專業盡量結合，國文以應用文爲主，不教四書五經或古文觀止之類的古文。英文以簡單實用的英語會話爲主。行業計算不教三角、幾何，代數及解析幾何等複雜的數學演算，也以應用爲主。另外，教育部規範的高工課程標準雖然沒有「商業簿記」這科目，但對於財務管理，記帳是最基本且實用的知能，所以公東加入這門課。

公東實施學徒制所授的課程，均以實用爲取向，以就業爲目的。再者，小班制可以一對一面對面教學，老師很清楚學生的個性，得以因材施教，彼此感情很好，大班就比較無法了解教學的成效了。

成果受到高度評價

改制後，公東畢業生成爲全台私立高工唯一可免試保送名校台北工專的學校，例如，新制第一屆機工科畢業生李新興、第二屆蘇其昌、第三屆張光偉、第四屆徐明華等，皆獲免試保送台北工專就讀。

當時留德的省教育廳廳長許智偉上任廳長前，曾跑遍美國考察高工職業教育，回國後在全省公私立高職校長會議中曾公開讚許說：「公東高工是最經濟而有效的一所技術學校。」並呼籲各公私立高工校長前往公東高工參觀取經。這樣的成果當然備受矚目，公東高工每年舉行的畢業生成品展覽也因此成爲年度最重要的活動，地點均選在校外，每次都吸引很多人參觀。

世界十大木業家具公司之一的高雄香港柚木公司，對公東採歐式學徒制訓練出木工技術精湛的畢業生，深感讚佩而設立獎學金鼓勵，並聘請公東畢業生簡明卿擔任廠長。

聯合國國際勞工組織（ILO）駐台美籍代表安川（Dr. Antrang）博士對公東高工實施的學徒制甚爲重視，經常來校視察，由公東任教的外籍老師對他做簡報，所以瑞士日內瓦聯合國勞工組織總部，亦記載天主教白冷會在台灣創立的台東公東高工實施德瑞學徒制的一段紀錄，可見國際組織對公東治學辦校的肯定。

其後，公東高工葛士賢老師應農村復興委員會之邀，在公東舉辦全省首屆木工師傅甘蔗板加工技術研習會，傳授貼片、夾邊、鑽孔、膠合等技術，並首次利用甘蔗板製造家具，深受讚譽，引起很大的迴響。要說葛士賢老師是台灣板類家具的先驅，一點都不誇張。

後來公東高工的學生在實習老師的指導下，生產許多優良產品，例如：機工科實習工廠的機械設備生產了桌上型車床、小刨床、鉗工用虎鉗、立式車床，甚至還有至今仍在使用的籃球架，以及高低槓、雙槓等。木工科則製作了學生課桌椅，教堂椅及各式家具，吸引了全台各地的訂單，口碑良好，讓公東高工的財務逐漸獨立，不需白冷會再投入資金。

1 長子黃哲彥滿月，葛士賢的小孩扮國王送禮物給哲彥，前左葛彩雲，前右葛馬谷。

2 影響公東深遠的葛士賢老師。

3 木工科裴德鄰老師帶學生上實習課。

4 葛士賢老師提供木工科德語教材，黃清泰翻譯成中文教材。

5 一九六二年與葛老師學木工製圖。

6 鐵肩扛教育的王志遠校長

創校初期，公東高工同時存在主流教育體系下的「正規班」高工學生，以及體制外的「學徒班」學員。兩者之間經常衝突，就在此時，公東發生總務處採購弊案，白冷會從此將財務交由外籍神父管理，還將三位創校時晉用的博士通通調職，包括第一任校長李先達神父於一九六二年一月轉調擔任康樂傳道學校校長，教導主任王秀谷神父則離職前往輔仁大學任教，總務主任黃貴謙神父則調往台東新港初中任教。第二任公東高工校長則由王志遠神父接任。

王神父也是東北人，同樣獲得于斌主教的賞識，送到羅馬傳信學校就讀，並取得博士學位，他口才很好，腦筋轉得很快，擅長演講，做事果斷磊落，雖然外表嚴肅，內心卻很仁慈。由於他神似日本明仁太子，便經常打趣自己是明仁太子。那時他騎一輛義大利進口的偉士牌機車，與浪漫電影《羅馬假期》中男主角所騎的一模一樣，十分拉風，據說是教友送的，在那個年代十分少見，總能吸引眾人目光。

他了解正規班學生與學徒班學員發生衝突是因公東高工招生後，原住民學生並不容易考取，加上機械設備有限，學生須分組上課，導致學習效果不佳。再者，外籍老師在實習工廠中給予學徒較多操作機械的機會，才會引發正規班學生不滿。解決之道，只好另設學徒班，王校長大刀一揮，忍痛將學徒班從學校分出去，這一點很能看出他行事果決、爲人瀟灑的一面。

他在校長室掛了一帖他親手揮毫的書法「鐵肩負教育」，背後也有個精采故事。一天，一位機工科汪姓學生犯了校規，受朱榮茂教官懲罰，心生不服，便找來家長到學校理論。汪姓家長是馬蘭榮家失明的老榮民，他很疼愛孩子，所以一聽說被教官懲罰，就帶四名同樣失明的伯伯，來學校找校長。他們一行人右手拿枴杖、左手搭在前面人肩膀，就這樣一排走進校門，我從辦公大樓一眼就看到了，趕緊下樓請問有何貴事？他們氣沖沖的說明來意，我便很客氣的請他們到校長室就坐，並請人把王校長找來。

王校長聽完原委便說：「好！你們請稍等一下。」就出去了。

我心想，校長是否看到這群不好惹的伯伯就落跑了？要我一個人當砲灰！

結果，他到教室把正在上課的汪姓同學叫來，兩人走進校長室，王校長二話不說就在這群老伯伯面前賞了這位學生兩個響亮的耳光。接著開口說：「你們聽到了！汪同學現在沒有犯錯被我打了兩下，我是神父，你要告就先告我好了。你的孩子犯錯，朱教官是在教育你的孩子，你知道嗎？」大家愣住了。

家長立刻起身，我以爲他要拿枴杖打王校長，結果不是！他畢恭畢敬向校長行了一鞠躬，連忙說：「謝謝，謝謝！」一行人一個帶一個慢慢走出去。

王校長立刻拿起毛筆寫了「鐵肩負教育」五個大字，雖然字寫得不怎麼樣，但他很得意，裱框後掛在牆上。他說，未來老師若犯錯，他不會棄車保帥，不管社會如何批評，他絕不會切割！有事他會扛，不會推給老師。

另外，王校長上任以後學校財務就再也沒有給台灣人管理，直到錫神父過世。這事起因於上一任的校長李先達神父掌管校務期間，總務處一位職員因採購拿了廠商的回扣，被我班上的學生舉發，白冷會於是請來瑞士籍的蘇德豐神父管理學校財務。

有一天，教育廳督學及主計人員來學校查帳，王校長招待貴賓喝茶，知道來意後就到寢室把皮箱提進來，打開皮箱很嚴肅的告訴來賓：「我是天主教神父，終生不結婚，一輩子奉獻給天主。所有的單據、發票都在這裡，請檢查吧！」

這些官員問了幾個問題後很驚訝的說：「一班學生才這麼幾個？」並說：「不用看了！」就把皮箱一蓋，連說：「貨眞價實，貨眞價實！」

王校長引導貴賓參觀實習工廠。那些官員一走，他就對我們說，教會辦學也不是用他們的錢，查什麼帳？我們抿嘴偷笑，他眞是個寶貝！再天大的事在他身上，都能明快處理，化險爲夷，眞是一位反應靈敏、聰明達觀的人。

●推動升格五專，和公東漸行漸遠

公東辦學的目標很清楚，不以升學爲目的，而是希望學生有一技之長，強調「手腦並用」「認眞負責」及「勞工神聖」。在這點上，王志遠校長掌握得很好，並以身作則，他每週六都會安排部分學生刷洗浴廁、餐廳，部分學生由他帶隊到校外清理路邊大圳溝的汙泥，從更生路校門口一直清到舊議會，讓學生從勞動服務中培養勤勞及服務的精神。

這在台灣社會並不容易辦到，因爲台灣人受儒家思想影響，一般人皆有「萬般皆下品，唯有讀書高」的觀念，認爲白領階級要比從事勞力的藍領勞工來得高人一等，造成考試文官領導專業藍領的現象，也是助長今日升學主義牢不可破的主因，進而使得現今台灣產業因技術人才的缺乏而難以升級，也讓勞力工作乏人問津，社會結構失衡。

實則，政府早在六〇年代台灣經濟起飛的階段就想扭轉這個觀念，教育部亦於一九六五年五月頒布「高級職業學校設置暫行辦法」，企圖導正國人根深柢固的升學主義，鼓勵青年學子就讀職校，習得一技之長，以利未來投入經濟建設的行列。其後配合政府實施九年國教政策，廣設公私立職校，職校學生人數八年之間增加三．五倍，高中生與高職生的比例大力調整爲三比七。

王校長深知就讀高中者，將來應讀大學往學術研究方向走，是栽培國家人才；就讀高職者，將來準備進入職場工作，是栽培國家人力。所以他在公東一直把握這個重點來辦學，並極力促成公東升格爲五專，以造就中級技術人才，但這點與白冷會設校的初衷爲培力基層技術人才的目標相牴觸，以至造成他離職的導火線。

王校長上任不久就開始有計畫的推動公東升格五專，經過幾年的奔走，一九六六年董事會便決議通過公東升格爲五年制工業專科學校。時任教育部長的黃季陸先生、省教育廳劉眞廳長，也極表同意，但是白冷會會長吳博滿神父（Rev. Ueberman）及全體會士堅決反對，理由很簡單：白冷會不是要蓋主流教育體系的高級工業職業學校，而是要成立一所體制外的技藝學校，照顧弱勢失學的原住民青少年，這是爲了栽培藍領階級，而不是白領階級，這也是白冷會設校一貫的堅定立場。

這對於推動升格的校長王志遠神父來說，就有點打擊了，其後深感灰心而請辭校長一職。因爲他推動這項計畫做了很多努力。例如：一九六三年他擔任校長初期，公東舉行第一屆畢業典禮，在省立台東社會教育館，亦即現在的美學館舉辦第一屆畢業生實習成果展，他請來于斌總主教以及公東董事會董事長，也就是國立故宮博物院前院長蔣復璁先生等宗教及文化界貴賓，參與公東高工校舍落成剪綵典禮，同時敦請于斌主持「公東教室大樓」落成祝聖儀式，成為當時台東縣的一大盛事。來參觀畢業展的貴賓對學生的作品讚不絕口，一時轟動全台。

隨後於一九六四年二月二十五日，台灣省政府主席黃杰先生蒞校巡視，是年五月十日經濟部長李國鼎先生也蒞校參觀，六月十四日，全省工校校長座談會在公東舉行，由教育廳副廳長賴順生先生主持，十月二十日則有台灣省議會教育考察團由省議員梁許春菊率領蒞校參觀。中央到省級政府要員都對公東高工踏實的瑞士學徒制及學生實習成品留下很深刻的印象。這些都是王校長任內所受到各界人士的肯定。無奈因升格一事不被白冷會接受而掛冠求去，實在可惜。

王校長於一九六二年到任，至一九六八年辭職，在公東高工服務達六年，對學校貢獻很大，對學生管教很嚴格，且勇於承擔，不推諉卸責。他說話直接幽默，不拐彎抹角，也會接受屬下的建言。為人則推誠相與，做事果斷明確，也能廣納百川，是個能接受專業意見的好校長，有很多值得懷念的精采故事，而我所能舉出的例子，僅其中少許片段而已。

7 教學出色，連王永慶也來挖角

公東高工不但畢業生在業界炙手可熱，學校老師也多成為業界名師，最早是瑞士籍的徐益民老師在服務期滿後，被經合會用高薪多留三年，以培訓嘉義高工及新竹高工的木工科師資，其後明志工專也向我招手，最後因理念不合擦身而過。

台塑企業創辦人王永慶先生於一九六三年十二月捐資創設明志工專，乃台灣第一所私立五年制工專，以栽培中級技術人材為教育目標，推出響亮的「工讀實習」教學方式，喊出的辦學構想不知吸引多少年輕學子。當時王永慶高薪禮聘全國高中名師，我的高中化學老師許興仁、數學老師鄭廷憲及英文老師許溢法亦被網羅，第一任校長翁通楹先生曾經安排三位老師來公東參觀，並試探我是否有意願到明志工專任教，甚至已經為我買好北上的機票。當時我擔任教務主任，心想不妨一試。

消息不知怎麼走漏的？當我抵達明志工專創辦人王永慶先生辦公室時，王志遠校長已早我一步在辦公室等著，並與王永慶閒聊了一陣子，見我一到，便開門見山向王董事長說：「黃清泰是我的左右手，拜託董事長，不要聘請黃老師！」

王永慶聽了也明快的說：「既然這樣，就請黃老師考慮吧！」

接著，在學校老師的帶領下，參觀了明志工專所標榜的「工讀實習」的現場。「工讀實習」是明志工專的一項特色，學生的課程與實習安排形成三明治組合。換言之，學生一週的課程安排分爲專業及通識課程組成的學科、專業實習、工讀實習三大項，三者交叉式安排。

嚴格來說，工讀實習不能算是學生實習，只不過是提供學生工讀的機會罷了。當時王永慶以明志工專教學的名義，從國外進口台灣第一台全自動製造原子筆的整套機械設備，安置在學生實習工廠，讓學生製作原子筆，如此可免繳一筆數目可觀的進口稅。

參觀工廠時，我看到部分學生在自動化機械切出筆桿，另一部分在紙上畫，檢查是否墨水順暢，通過品管就裝入紙盒裡。我問學生讀那一科？有的回答土木科、機械科、有的是讀化工科，由此可見工廠的工作與學生實際所學毫無關連，校方只是提供學生工讀機會，所以不敢瞞天過海，只說是工讀實習。

安排學生輪流至台塑企業及各企業建教合作，並參與全職工讀實務實習一年，讓學生從工讀實習中獲得報酬，並提供家境清寒的學生半工半讀的機會，減輕家庭經濟負擔，順利完成學業，這一點立意很好；但校方希望透過工讀實習的實務教育，讓學生學習專業相關之技能及管理實務這一目標，我有一點保留，因爲學生在工廠的工讀實習與他所攻讀的科系並不相符。

不過我仍然要讚嘆，王永慶先生不愧爲台灣經營之神，之所以能成爲大企業家，實是因爲他比一般人有靈敏的頭腦及敏銳的洞察力。

參觀學生工廠實習課後，我覺得明志工專背後擁有自已的財團及企業支持，應該可以做得更好，讓學生在其龐大企業體下，安排學習與所學相關的實務工作，那明志工專就能爲台灣技術職業教育立下良好的典範了。再者，明志工專工讀實習的背後是否有如現今教育部推動的「輪調式教學」，有利用學生提供廉價勞動力之嫌?這是我所質疑的。

我就這樣拒絕了明志工專的邀請，倒是原本親自跑來明志工專阻攔我跳槽的王志遠校長，後來因推動公東高工升格五專不被白冷會認同而去職，反而應明志工專第二任校長丁瑞鉠之聘，擔任該校英文教職，其後再轉任台北女子師專任教，人生之多變實難預料。

8 公東教堂帶來的神聖時刻

大家都知道公東高工最有名的建築是那棟四層樓的清水模建築頂樓上的教堂，不過我在剛進學校任教時，並沒有在第一時間登樓朝聖，遲至四個月後的聖誕子夜彌撒才首度走進教堂，實因我乃基督徒，平常不會有進天主堂的念頭，再者，錫神父從沒向師生傳教，當然也不會要求大家上教堂，雖然平日總有神父在教堂裡做早課、晚課，也是讓師生自由參加，從不強迫。

那年聖誕節錫神父首次邀請大家上教堂望子夜彌撒，當夜，我帶著學生登上四樓準備獻唱，一進門，驚訝不已，沒想到這教堂竟然這麼別緻，設計新穎，前所未見，一眼望去，牆上引人的彩色鑲嵌玻璃，在燈火輝煌的中熠熠生光，再細看，聖堂上竟然沒有十字架，只有細瘦的耶穌張開兩手被釘牆上的銅雕塑像，自然形成十字的形象，當時我還沒注意到屋頂上的天窗，是之後某日，正當下午西晒，我再度打開教堂大門，一片陽光斜斜的從屋頂天窗直瀉下來，如銀色美瀑，再度令我驚豔到難以言語。

當時我對建築設計還一知半解，一回，幼時玩伴，任教於淡江大學建築系的吳明修教授帶了學生來參觀，聽他解說我才知道這個教堂的設計來自鼎鼎大名的瑞士建築師達興登（Justurs Dr. Dahinden），建築體則出自瑞士結構設計師休畢格（Dr. Schubiger），眞是有眼不識泰山啊。

公東教堂實爲校舍的一部分，二、三樓是學生宿舍，一樓爲實習工廠，當時稱爲寢室大樓，現在則是綜合大樓，是公東高工第一期所蓋的校舍。當年學生多住偏遠地區，來學校一趟要好幾個小時，因此錫神父建校時規畫學生一律住校，同時利於學生品德的薰陶及生活管理。這棟大樓於一九五九年六月開工，一九六○年夏季和兩層樓的辦公大樓一起峻工，年底又興建第二期工程，亦即教室大樓及舊校門，當時還請來大書法家于右任爲校名提字，氣勢不同一般。

這幾棟校舍全都是清水模建築，澆灌泥漿在脫模之後留下粗糙的牆面、清晰的天然木紋，即便歷經六十餘年的風雨洗練，仍維持著樸拙的紋理。最吸引人之處在於無梁柱的「板結構」工法，整棟建築沒用上一根梁柱，落成之後令台灣建築學界眼睛爲之一亮，驚訝於這麼前衛的建築竟然出現在台東。

第二期工程所建造的教室大樓，一樓是木工廠及製圖教室，二、三樓爲普通教室，四樓是小禮堂及圖書館。在達興登的原始設計中，一樓原來是光線明亮的木框落地門，他當時並不了解台灣夏秋之間颱風侵襲的威力，才有此設計。

一九六五年黛娜颱風發威，把這棟大樓兩排落地門連框帶門吹到操場，連掛在工廠牆上直徑四十公分的圓鋸鋸盤也被強風颳到兩公里外的稻田，當時台東唯一的聯外道路是一座吊橋，也就是台東大橋也被吹斷了，鄰著校門的更生路兩旁電線桿全都攔腰折斷。後來葛士賢老師帶著木工學徒班的學員進行搶修，把落地門砌上女兒牆裝上窗戶，才使用至今。

校門正面是兩層樓辦公大樓，一樓是廚房、餐廳及廁所，二樓是校長室、總務處、辦公室、教職員餐廳及軍械室，我還記得裡頭放了二十五枝步槍，是當年軍訓課的重要教具，餐廳外女兒牆則貼有公東校訓「實事求是、認眞負責」八個大字，由實木鋸成，漆成紅色鑲上牆壁，廁所外牆也寫著「埋頭苦幹」四個大字。

設計師達興登將這幾棟大樓以ㄇ字形配置，依照錫神父爲貧困青少年設立習藝場的構想來規畫，這樣的規模相較於歐洲類似的習藝場所已算是夠大的了。

這幾棟建築最引人之處，當然還是公東教堂，上樓需由寢室大樓旁側懸空的階梯拾級而上，宛如虔誠聖徒循著天堂之路朝聖。登頂之後，推開厚重木門，便進入暈暗、靜謐的聖堂，一地鋪陳著色澤溫潤的窯燒紅磚，一排排教堂椅以三塊厚質實木架在地板的水泥椅腳上，構成造形簡潔、樸素有力的教堂椅。

粗糙的牆面也是一絕，當時的工人將混凝土泥漿倒入小托盤，再以竹枝綑綁成小刷子，沾滿泥漿往牆面輕輕一撥，附上牆面，呈現凹凸不平的粗糙紋理，樸拙又可消除室內回音，這在當時也是少見的工法。

左側牆頂傾斜的屋頂間，有一排天窗，可讓陽光自然灑落進來，投射在聖台牆上彷彿被釘上十字架的耶穌銅雕聖體，讓聖堂彷如祕境，前方祭台以銅雕鑄成羔羊與苦杯造型，右側牆面則有彩色玻璃鑲嵌出抽象意境的苦路圖像。這些精緻的工藝品皆出自瑞士工匠之手，是台灣難得一見的宗教藝術珍品。

其中一塊鑲嵌玻璃在一九六五年黛娜颱風來襲時給吹破了，當時我用〇．三公分厚的普通玻璃補上，並找遍台灣，只有新營一位修士有鑲嵌玻璃的技術，卻苦無材料而作罷，近年我請來一位擁有鑲嵌玻璃技術的沈素琴小姐修補，但她觀賞過後卻遲遲不敢動手，除非有原照片作爲修補的參考。教堂屋頂前端有一個鐘樓，設計師原本構想要如歐洲教堂般懸掛大鐘，讓鐘聲定時大響。可惜戒嚴時期台灣不許撞鐘，怕與敵軍空襲警報聲混淆，只好作罷。

後來葛士賢老師帶木工科學生在鐘樓前造了一支高二十米的十字架，由十二根台灣杉聯結而成，我和學生漆上白色油漆，再豎立起來。每次帶學生到貓山靶場打靶時，遠遠就看到立在灰色小盒上的白色十字架，如同稻田裡的一艘軍艦。

至於這棟無梁柱板結構建築，牆的厚度達二十五到三十公分不等，鋼筋直徑四分之三英吋，平均每立方米的混泥土只用大約七十公斤的鋼筋。一般鋼筋水泥的框架結構鋼筋平均用量則為一百二十到一百四十公斤，這使整個建築造價大大降低，是一項建築設計與結構設計充分協調的成功案例。而當年所用的砂石乃直接用牛車從海邊運來，以現代標準來說，根本就是海砂屋，但至今仍屹立不搖。

教堂下的寢室大樓後牆則有一片片從三樓到一樓垂直排列，形似遮陽用途的鋼筋水泥板，它與大樓各層走廊的女兒牆垂直連接前後呼應，具備剪力牆的結構效果，不單只是遮陽，其實是為了防震而設計，是少見的結構力學處理手法。

二〇〇八年我帶兩個孫子到歐洲旅行，行前特地拍了教堂的照片，在瑞士拜訪葛老師時拿給他看，他非常感動，沒想到當年親手做的巨型十字架，竟然至今屹立不搖。六十年過去，這棟海砂屋終究經不起歲月的摧殘，鋼筋裸露了，水泥也剝落了，變成一棟危樓，所幸經過建築結構專家鑑定，主結構不受影響，現代技術尚可補救，所以我衷心希望校方能趁早搶救，讓教堂活化，不負昔日光采。

1 一九六二年五月一日，王志遠校長（前二排左六，左五為李先達前校長）請來于斌主教（前排左九）主持校舍落成典禮，黃清泰（後排右六）。

2 公東教堂的彩色玻璃。

3 陽光自然投射在聖台牆上彷彿被釘上十字架的耶穌銅雕聖體，質樸而神聖是公東的教堂的特色之一。

4 公東的教堂外觀。

9 留學瑞士進修木工師傅班

一九六九年我如願前往瑞士留學，初出國門的我，一切都是陌生的，心情難免不安緊張；第一次搭飛機，也很擔心在國際機場不知如何轉機，所幸，東河天主堂的駐堂神父池作基（Tschirky Meinrad）剛好要回國度假，我便與他相偕同行飛往瑞士。

記得出境那天，內人簡瑞蕙帶著三歲的兒子哲彥到機場送行，當我走進海關前，回首向家人揮手道別，心中萬般不捨，卻又無可奈何，在那白色恐怖的年代，家眷必須留在國內當人質，使得我不得不暫時拋開妻兒獨自飛往他鄉，不知何時全家才能再度團圓，這難道是身爲台灣人的宿命嗎？老實說，飛機起飛時我還是很興奮，終於得以圓夢出國了，但離開妻兒的現實又讓我馬上難過起來，瞬間一股酸楚湧上心頭。

我能出國，是在錫神父和葛士賢老師的大力協助下，才得以跳過教育系統人二室的安全調查，取得馬蘭派出所一紙良民證，以技術人員受國外應聘的名義，赴歐洲進修，專攻德、瑞學徒制之技職教育與訓練。

錫神父曾經送過多位優秀的台灣青年赴瑞士求學，他一直希望我到瑞士學習，以加強實務經驗，況且出國留學向來是我的夢想，多年來也一直朝著這個方向努力，卻因高一在校唱了日本歌謠而被列入黑名單，讓此計畫一拖十幾年，最終得以成行，實在歷經千辛萬苦。

我先搭乘國泰班機飛往香港，在香港住了一晚，次日早上再轉乘瑞航飛到孟買，休息一個多小時後就直飛蘇黎世，總共飛行了二十二個小時。當飛過阿爾卑斯山脈時，我從機上往下眺望，只見一大片千年冰河，白茫茫一片無亙山河眞美麗。當地時間下午兩點，我們順利降落於蘇黎世機場，我和全機旅客一起拍手歡呼，互相祝福平安抵達目地地，感謝機師及所有機上的空服員。

當我走出出境室時，一眼就看到葛士賢老師全家來接機，上車後直奔滋格湖，再循著湖畔直接開往哥達德山上，葛老師一家親族友人已經等在那裡了，我的瑞士第一晚就在山上接受葛家的盛情款待，並一起歡慶瑞士的八一國慶。瑞士是一個中立的國家，國慶日與台灣很不同，沒有舉行閱兵展現軍力，而是讓全國民眾興高采烈的在山上手拿火炬，或燃放煙火舉辦營火會，大夥兒飲酒同歡來慶祝國家的生日。

葛老師的老家就在滋格小鎮上，他帶我拜見年邁的母親之後就安排我住進瑞士白冷會總會的所在地的茵夢湖湖畔一間度假屋。他很清楚勤勞的台灣人是最不懂、最不會休息的苦命人，所以刻意如此安排，要我在那裡好好休息一個月，何況夏季正是瑞士人前往國外或到山上避暑度假的時期。

茵夢湖畔湖光山色，景色至爲美麗。我常一大早到白冷會所辦的一所中學後面的幽靜小道散步，我還記得那條小徑叫至聖道，這條路直通對面山下小湖泊旁的小鎮叩士那克特，那是曾在公東機工科任教的周佳祿的故鄉。暫住會所度假屋的第二天，台東鹿野天主堂的牧靈周維道（Rev. Notter Viktor）神父就來帶我登琉森湖上的山，那是一處旅遊聖地，叫瑞吉山。

一九六九年九月初，葛老師來接我，到伯恩市近郊他所工作的滋福祿公司與老板 **Zurfhur** 先生見面，他希望我留在公司任職，但我決意當學徒學木工，好累積實務經驗，晚上則到伯恩技術學院就讀。承蒙葛老師的推薦，學校破例特准我直接修習木工師傅課程。

我拜該學院主任、知名的家具設計師賽代格先生（Hr. Scheidegger）爲師，專攻家具設計、木工機械特殊操作及機械安全裝備等台灣學不到的課程。賽代格先生也是葛士賢的老師，所以我和葛老師就成了同門師兄弟。

賽代格教授所傳授的專業知識後來我都應用到教學之中，回台後就在公東家具木工科三年級開設相關課程，例如複斜投影應用於木工設計及加工技術，應用於建築的複斜放樣技術及工法，這些專業大大提升學生對木工專業製圖的技能。我敢說，台灣只有公東開這門課程，一九八五年，公東學生代表台灣第一次參加在日本大阪舉行的第二十八屆國際技能競賽，就獲得建築木工職類的獎牌。

在我擔任國際技能競賽大會台灣代表團木工職類國際裁判期間，賽代格教授也擔任瑞士代表團木工職類國際裁判，在競賽場上師徒交鋒雖然各有堅持，但各自表現出紳士風度，成爲大會佳話。後來我寫了一本《木工投影幾何學之應用》的專業著作，將初稿給賽代格老師過目之後，他還以德文爲我寫了一篇序言。

其後，他應台北工專，即今台北科技大學的邀請前來台灣講學，我與趙國宗教授充當翻譯。他還偕師母來公東了解實施學徒制本土化後的教育成果，十分讚許，深表肯定。這樣一位學有專精、爲人仁厚的好老師，後來竟因駕駛私用輕型飛機，在飛越阿爾卑斯山上空時失事身亡，至爲惋惜。

留學前奏：從小培養外語能力

我通曉日、英、德等數國外語，之所以有此能力，一則好學，二則來自時代因素，加上我從小立志出國留學，對語言有高度興趣，因而學成了數種外語。

在我出生的日治時代，因推行皇民化運動，四哥上中學時，按規定全家改了日本姓名、講日語，成了「國語家庭」，所以日本話也是我的母語之一，讀初中時雖然政權已經轉換到國民黨手裡，但我還是喜歡唱日本歌謠，用背歌詞來學日語，並常在深夜偷聽日本ＮＨＫ國際放送的節目，這在戰後蔣介石統治的白色恐怖年代被捉到，是會被送到火燒島管訓的，但也因此學成了扎實的日語能力。

在公東高工任教期間，一日，教學組長陳東碧老師拿給我一本他在師大工教系就讀時，選修第二外語的德語筆記本給我，建議我學德文。那時我正利用課餘找富崗村天主教堂駐堂神父迪樂道（Rev. Dillier Casimir）學英語，不久之後他到美國傳教，課程於是結束，也就有了學德語的念頭。

一九六三年，原來在新竹學華語的白冷會會士雷化民神父，來台東加入牧靈工作，他來自瑞士德語區，我被安排在寶桑天主堂協助雷神父辦理公東高工附設學徒班的工作，逢此良機，便向他學習德文。

綜觀這些學習及教學經驗，我認爲外文能力眞的滿重要的，從事木工的人特別需要懂得國際語言英文，才能掌握許多國外的專業知識與訊息。因爲我懂得中、日、英、德語，有關工程方面的資訊就比其他人容易取得。我發覺過去台灣的中小企業很有活力，但做生意卻輸給香港、新加坡華人，主要就是輸在外語能力。實則，台灣的教育很早就開始學習外語，我那個年代從初中開始學習，現在就學的學生，大抵在國小就有英語課程，應該可以學得更好才對。

因爲覺得自己的工廠實務經驗不足，而到瑞士學木工，在工廠工作，半工半讀充實自己，其後又獲得德國基金會獎學金赴德國，專攻德國木工技職教育，靠的就是語言。其後我擔任三十多年國際技能競賽的國際裁判，也就是拜語文能力之賜。因為這些經歷，大家便戲謔我是「化工變木工，雞母變咯雞（台語公雞）」！

那些從國中就決定未來志向的瑞士人

來到瑞士那年，我已經三十六歲了，工廠裡的學徒和我在公東的學生年紀差不多，比我小十幾歲，他們年紀輕輕就已經確定人生職場的發展方向，和台灣的學生實在有很大的差異。

這是因為瑞士學生接受技職教育的啓發非常早，從小學六年級就開始接受職業指導，七年級就會主動參訪社區中有興趣的企業，並開始思考、規畫自己的未來。大約九年級就已經在企業當學徒向師傅習藝了。當學徒也有試用期，他們通常會先嘗試三到六個月，不適合就換一家，直到找到適合的為止。當企業接受一名學徒之後，就會安排師傅帶著學徒工作，一位師傅最多只會帶五名學徒，這樣的師徒不但關係緊密，也能確保學習的品質，對公司的認同也很深。

此外，企業還會送學徒到當地的技職學校加強專業理論的學習，通常是地方上幾家企業送到同一所學校，大企業甚至還會有自己的學校，學校的課程則由企業與學校共同設計出嚴謹的學程，學徒一週只有一天半或兩天時間學習理論，其餘三到四天都到企業內工作。所以這種學徒制又稱雙軌制，由企業培養技術人才，學徒畢業後通常繼續留下來工作到一定的年限。

於企業而言，這種技職教育制度可以培養人力，且有穩定的員工來源，於政府而言，可降低失業率，節省教育投資，是很好的產官學建教合作模式。經過三年初階專職的學徒班訓練，再經過國家考試取得執照，就成為獨當一面的技工了，工作數年之後，還可以再到學校進修中階、高階課程，以達成師傅等級。

透過這樣扎實的訓練，瑞士人從年輕開始就從事自己喜歡的工作，當然會把工作做到最好，對於專業就會非常尊重，而培養出工匠精神，難怪瑞士、德國能成為世界工業強國。

在瑞士大約有三分之二的人接受這樣的技職教育，除了各種工藝之外，台灣人很熟悉的就是酒店管理學校，近年台灣很多學子慕名前往就讀。和台灣差不多大小的瑞士，即使上大學不用考試，選擇讀普通高中準備升大學的只占三分之一，大學只有十二所，其中聯邦政府設立的公立大學只有兩所。反觀台灣大學多達一百七十一所，幾乎人人上大學，但近年卻造成大學畢業生失業率持續攀升，普遍無一技之長，這實是技職教育失敗使然。

到瑞士當學徒，從剷雪掃地開始

我在公東教書那麼多年，已經累積不錯的技術，在工廠裡很受讚賞，老闆還建議我不要去上課了，專職上班就好，當時學徒月薪是兩百法郎，折合新台幣四千元，是我在公東高工當老師的兩倍，專職薪資則可增加好幾倍，兩個月就可以買一部VW金龜車，但我還是堅持上學，畢竟這才是我出國的主要目的。

在工廠工作的初期，我隱藏自己是中學教務主任的身分，和一群十七、八歲的青少年在工廠當學徒，需要做很多粗工，比如說掃地、整理工廠，一起在冬天剷雪，起初大家都不以為意。

有一天晚上我從學校回來，看到廠長、設計師等一群人在組合一個度假屋，因爲無法密合，很緊張的討論著，我看了看，對他們說這問題很簡單，他們不相信，我拿起計算尺，量一量，核對出一個數字，請他們按照這個數字調整尺寸，一卡上去，剛剛好，一群人驚訝的問我，怎麼知道這種量法，我才跟他們講我是中學的數學老師，以前上課就是這樣教學生。從那時起，他們就不讓我跟著其他學徒一起剷雪做粗工了，也可見他們對專業的尊重。

他們之所以不用計算尺，是因爲習慣用設計圖來放樣，而且他們的數學也沒有台灣人那麼好，所以遇到需要精算的時候，就會把他們考倒。

整體而言，在瑞士那兩年我覺得工廠的學習比在師傅學校學得多，所以當我一九七一年九月束裝返國任教，繼續木工科的教職時，我很堅持學生要在工作中學習，從製作產品中不斷的練習，練到非常的熟練，熟練了還是要繼續做，才能培養出工匠的精神。

瑞士總統請我吃飯

在瑞士那段時間，我白天上班，晚上上課，爲了節省花費，老闆讓我住在工廠屋頂一個沒有暖氣的閣樓裡，冬天很冷，這還不打緊，最刺激的是每天上完課在夜裡頂著寒風刺骨從學校走回工廠，眞的很有挑戰性。當時我每天晚上都徒步上下學，來回要走一個多小時，還好年輕力壯，也就這樣撐過來了。

住沒問題，吃也很好解決，我都到市場買菜回來自己料理。當時工廠附近有個肉攤，經常送我牛肝、豬肝之類的內臟，因爲歐洲人不吃這些，我把它滷得很香、很入味，拿到學校請同學吃，台灣寄來的柴魚，我用刨刀刨成刨花，用來做湯請同事喝，大家都喝得津津有味，我還打趣的說：「台灣木材可以煮湯」。

在瑞士那段期間，我常利用假日和台灣朋友聚會，其中有位從台南來瑞士發展的楊飛龍先生，是一家土木工程公司的工程師，也是大提琴家楊文信的父親，他自台大工學院畢業後，留學德國取得博士學位，便在瑞士伯恩工作，週末我常到他家聚餐，一起來的還有後來和前立委陳婉眞結婚的新潮流大老張維嘉，當年大家在異鄉聊國事、吃炒米粉，度過許多愉快的假日時光。

在瑞士的時候有件在台灣絕對不可能發生的奇遇，也沒有人會相信，所以回國後我一直不提，我知道若我提了，大家會認爲我在吹牛膨風！一直到一九八四年，爲慶祝結婚二十週年，我與內人赴歐洲旅行，到瑞士拜訪葛老師，在他府上用德語閒聊時，提到這件事而哈哈大笑，內人不解，我才請葛老師講這個故事給她聽。

這事是這樣的，在瑞士留學時，總統魯道夫・肯內基（Rudolf Gnagi）聽說有個台灣學生在這偏僻的小鎮瓦貝爾恩當學徒，感到好奇，因爲一般留學生都往大都市跑，難得有人會到這個小地方，由於他也住在那裡，就邀約我到總統的府上吃飯。

當我接到邀請卡時非常緊張，葛士賢老師也覺得好奇，便陪同我一起赴宴，席間，肯內基總統問我很多關於在當地生活、學習的情況。原來，他只是純粹關心一個外國人爲何會選擇到偏僻的這個小地方當學徒。他猜測我大概是個窮學生，回去之後寄給我五百元瑞士法郎買書，後來又請我幫他設計廚房、浴廁，我也做出讓他非常滿意的設計。

瑞士總統的平民化，可從這件小事得知，不但很親民，而且常跟人民一起搭輕軌電車，那眞是一個階級平等的社會，老闆跟工友的薪水也不會差很多，只是不同的角色做不一樣的工作罷了，但每一個人都在自己的職位上認眞工作，體現出社會主義國家的風貌。

●在瑞士和錫質平神父喝咖啡

一九六八年我正要出國留學瑞士時，王校長辭去校長職務，董事會於是任命崔廷選先生代理校務。崔校長是天主教徒，也是我當年任教於台東女中時的同事，他擔任公民科老師兼總務主任直到退休。山東鄉音很重，做事優柔寡斷，不太容易接受他人意見。

當時政府爲了配合九年國教及鼓勵私人興學，私立職校如雨後春筍般設立，在一九七〇年代一下子由七十所激增至一〇六所，形成激烈的招生競爭與師資短缺，後山台東縣的師資荒最爲嚴重。崔校長一上任便面臨這項挑戰，他因此聘用不少與理工科無關，對工業亦無專長的天主教教友，引發師生抱怨，這還不打緊，最大的爭議在於任用一批具有黨工背景的教會意見領袖，他們教學不力，仗著教會不可一世。許多在實習工廠任教的優秀公東子弟兵，例如木工科的蔡勝雄、王竹雄老師，機工科的許丁吉、李新興、梁世興等老師均相繼離職，到西部工廠另謀發展，學校聲望一落千丈。

我在瑞士進修期間，就曾接到木工科黃國老師用中文打字機寫來一封長信，說明學校人事混亂，當時雷化民神父自認他在寶桑天主堂所負責的「公東高工附設學徒班」才符合教會主流價值，因此想介入公東教務，讓黃國也想掛冠求去。

對此，崔校長是有自覺的，他自知外行難以領導內行，自行請辭。一九七〇年董事會不得不請第一任前校長李先達神父回公東視事。接任的李先達校長也沒有多少心思可以放在公東校務上，因爲他自第一任校長離職後，教會旋即指派他主持康樂天主堂的「聖若翰傳教員教義研究中心」，那是一所專爲培養天主教傳道員而設立的傳道學校，教務同樣繁重。

一九七一年春，錫神父回瑞士休假，我在瑞士留學，兩人相約在伯恩著名的古道克拉姆街路邊一家咖啡屋相見，能在異國相逢格外高興，我們談了一個下午有關公東的近況，他透露想把學校送給政府，令我深感驚訝難過，此事起因於當時他爲公東高工向德國天主教總會申請貸款或經費，添購機械設備，雷神父也爲籌設「東區職業訓練中心」勤跑德國，同時向德國天主教總會申請經費，中間的溝通難以爲外人知曉，總之，導致總會負責人誤解公東高工及附設學徒班都是雷神父所創辦。德國天主教總會也因此對錫神父有所誤解，令他深感灰心，才會萌生這個念頭。

公東高工採德瑞學徒制小班制，對教會造成龐大的財務壓力，這一點我也感受到，我向他強調，學校若交給政府接辦，特色必然消失，過去的努力將前功盡棄。於是向錫神父提議，不妨利用學校的實習工廠結合實習課程來從事生產，讓公東朝向自給自足的方向來努力，以分擔白冷會的財務壓力。後來錫神父採納了我的建議，待我兩度赴歐留學之後回到公東便致力於這方面的努力，卓然有成，推出多樣產品，訂單應接不暇，眞的解決了學校財務的黑洞。

那天下午我們相談甚歡，他一回到天主教白冷會總會茵夢湖會所，立刻匯五百瑞士法郎給我，要我去弗萊堡大學註冊，繼續深造，我卻接到李先達校長的電報，問我可否提早回國？因剛來台灣不久的德國籍木工老師徐務本（Hr. Segerer Hubert），在西部騎機車發生車禍，傷勢嚴重，要立刻送回德國醫治。我毫無猶豫在一九七一年九月如期回校任教，因而錯失了弗萊堡大學的入學機會。

爲公東募集營運經費的，其實不只錫神父一人。在瑞士期間，葛士義神父（Rev. Gassner Igo）怕我在國外孤單想家，週末常開車載我一起探視阿爾卑斯山山麓下的小教堂及教友，順便爲公東募集經費，我這才知道白冷會神父們爲公東高工所做的付出。當時葛神父還告訴我，這些小教堂由天主教及基督教共同管理使用，望彌撒與做禮拜時間錯開，向來相安無事，我聽了至爲感動，這才是眞正的「新、舊」教合一，世界大同的理想境界也就是如此了，難怪瑞士是一個中立和平的國家。

其後，我有幸參與基督教長老教會台東教會新建禮拜堂相關事宜，應張清庚牧師之託，促成了天主教傳義修士（Br. Felder Julius）爲台東教會做整體設計，並親自監工，宗教藝術家蘇德豐神父還親自到花蓮挑選大理石碎片，創作兩面獨一無二的宗教藝術牆。在興建期間，台東教會還借用天主教培質院聖堂做禮拜。天主教修士及神父協助台東教會蓋教堂，乃台灣新、舊教會合作的典範，在台灣教會史上也創下美好的一段佳話。我想我能參與並促成這件事，是受到瑞士

「新、舊」教合一的啓發吧。

10 我的留德見聞

從瑞士回台之後，我再度全心投入教學之中，三年匆匆而過。

一九七四年春，我獲得德國基金會一年的獎學金再次出國，參加基金會舉辦的高級人力培訓計畫工業職校校長特別班的訓練，那是當時台灣與德國合作的「中德技術研究計畫」之一環，從一九七〇年開始進行的德國技術援外計畫，我透過白冷會申請，錫神父從中協助順利成行。後來我就成爲中德技術援外對等夥伴的一員，台灣人透過這個計畫申請獎學金去德國學習，都會經過我的簽名。

一九七四年春，我一到德國立刻就到曼海姆學習中心報到，在那裡停留一個月，向我的訓練計畫負責人 Hr. Scheltler 提出我的學習計畫，與中心有關人員溝通之後，中心就依照我的願望協助聯絡相關機構及職校，來安排我的學習行程，首站就來到西柏林，住進當地國際學舍。

我申請的課程是工業職校校長特別班，這班學員只有我一個人，基金會安排我到西柏林、斯圖加特、曼海姆等地教學中心考察德國北中及南部技職學校，研習德國學徒與木工專業學科教材教法，與當地技職學校的教師交換教學經驗。

製造廠讓學生試用最先進的機器

在這過程中，讓我印象最深刻的是參觀「科隆國際木工機械展」。

一九七四年夏天，中心安排我到中部工業大城科隆參觀科隆國際木工展，當時看到德國最新出產的一部自動化多面刨木工機，價位很高，一般木工廠根本買不起。後來我到德國中部一個叫芭德維登根市的一所私立木工師傅學校參觀，這所學生不到八十人的學校竟然也有一模一樣的機器，我很驚訝的問校長：「你們怎麼有錢買這麼昂貴的機器？」

校長帶我到另一間房間，一打開門，看到裡頭放滿各式各樣的機械。他說：「這些都不是學校花錢買進來的！全是製造廠送來給師傅班的學生使用的，學生如果發現哪裡不好用，就會回饋意見，學校則會定期寫改進建議書給製造廠，工廠就根據這些意見加以改善，再運回來給學生繼續使用。」

讓已經有專業技能的師傅學校學生試用最先進的機器，眞是一個好點子，一來製造廠可從學校獲得寶貴的試用心得作爲改進的參考，這些學生畢業後倘若當上老闆，也可能選用這些他所熟悉的機械。而學校則不必投資很多的經費在購置機械設備上。難怪德國的學生都使用最新式的機器。

當我從德國回國後也如法炮製，因爲塗裝是公東木工科最弱的一環，我便從日本塗南苿公司請來專業技師介紹他們的產品，那位日本技師帶來很多資料，我充當翻譯，並請教務處調課，讓全校木工科師生一齊聆聽。結束時日本塗南苿公司留下很多新產品給學生使用，這學期的塗裝課程就由這家公司上完了，豈不是一舉兩得的教育方式。

在德國進修的那一年中，我又利用機會在德國南部的羅森海姆一所著名的木工大學（Holz Fachhochschulle）進修自動控制課程，幸好我修這門課，對公東高工新創的多能工教學與生產自動化及製造機械手臂有很大的幫助。待這些課程結束之後，我便於一九七四年底返國。

社區力量成為西柏林重建關鍵

在西柏林停留了半年，雖然時間不長，卻剛好遇上戰後都市重建，看到這個城市的活力，除了學到有關木工專業知能外，也親身體驗到德國教育與社會活潑的一面，我了解到二戰後的西柏林如何從廢墟中復興起來，社區其實扮演了很重要的角色。

當時柏林市政府動員了許多民間熱心的社會、教育專家及志工，將廢墟中的廢料集中，分門別類，其中不乏可用的木料、鐵架、電線、鐵皮，他們再添加一些必備的工具如鐵鎚、鋸子、鐵釘、油漆等等，讓這些材料得以再利用。

其中有一群志工們利用一些材料，營造出一個十分特殊的冒險遊戲場，提供兒童一個盡情發洩情緒或發揮創造力的空間，我就曾看到一群孩子們借用這裡的工具搭建一棟房子，然後讓它著火冒煙，接著志工協助孩子們一起用滅火器滅火。在這整個過程中，只要求孩子們遵守基本的安全規則，然後鼓勵他們從事各種冒險體驗，從中學習、發揮創造力、思考解決問題的方式，這樣的遊戲在台灣是絕對看不到的。

另有一幕也讓我印象深刻。德國人對足球很著迷，很多觀眾會帶著孩子去看足球賽，進場時就把孩子交給警察照顧，警察會把孩子帶到足球場附近的一個交通規則體驗場。這個體驗場就像一個考駕照的場地，有道路規畫、十字路口、行人斑馬線、各種交通號誌，馬路分幹道及巷道，並畫上注意交通的符號。

現場還提供腳踏車、摩托車、玩具汽車給小孩子玩，也有穿著交通警察制服的志工在執行任務，他們會先講解交通規則讓孩子們了解，再讓孩子們騎車或駕駛上路，遇上斑馬線要停下來，有禮貌的揮手讓行人優先通行；若由巷道進入幹道時，則要停下來等幹道的車子先通過，才能進入幹道。

倘若違規，穿著警察制服的志工就會來開罰單，違規者就要重新排隊，從頭再來。

我看到每一個孩子都很認眞的遵守交通規則，等足球賽結束之後，家長來帶回孩子時，孩子們就學會交通規則了，德國就是這樣把教育帶入生活。反觀台灣，學校只把交通符號畫在牆上，禮義廉恥也是寫在牆上而已！

我由另一個見聞得知德國人不但律己，也律人。有個週末，我在參觀柏林圍牆時，看到一個賣香蕉的攤販，一時想念起台灣的香蕉，就跟著人潮排隊購買。

突然，有個人在我面前插隊，我心想，反正我是外國人又不急，就不予理會。沒想到前面那位剛買完香蕉的人一回頭看到了這一幕，馬上教訓那個插隊的人，叫他到後面排隊。要是在我後面排隊的人跑來教訓這位插隊的人我可以了解，因爲影響了他的權益，但卻是一個不受影響的人跳出來替大家伸張正義，這就讓我感到驚奇了。

從這件事可看出德國人的對於公平正義的實踐與社會仲裁的力量，與台灣很不同呢。這些見聞在我其後於台東從事社會工作時，發揮了很大的影響力，例如我在執行花東原住民社區發展及技職教育本土化時，都將社區功能納入計畫。

婉拒出任東區職訓中心總經理

一九七四年底返台之前，我與雷化民神父及剛從台灣回瑞士的機工科實習工廠馬利民（Hr. Bertschy Marius）老師三人，於瑞士天主教白冷會總會見面。雷神父邀我回國擔任他所創辦的東區職訓中心總經理，他也擬聘馬利民負責該中心的機工科，薛弘道修士負責焊接科。

我很清楚的向他建議：「東區職訓中心既然已成立財團法人，過去以私人名義在泰源、鹿野等地置產的農地及卡車等財產、不動產應全部登記在財團法人名下，不宜再用個人名義，否則會發生事情。」

他認爲我危言聳聽，沒有接受我的建言。爲此，我婉拒他爲我安排的職務，馬利民老師、薛弘道修士也沒有接受東區職訓中心的教職，仍舊返回公東任教，從此雷神父便與我漸行漸遠。

其後，東區職訓中心果然發生財務弊案，雷神父受到牽連，被地檢署承辦檢察官以侵占罪起訴，其後返回瑞士，將這些事寫入《口蜜腹劍：雷化民回憶錄》，並因此抑鬱寡歡，致使胃癌病情惡化，於瑞士辭世。

1 留學瑞士時用計算尺為同事解決休閒屋尺寸不合的問題。

2 一九七〇年，瑞士聖靈降臨節。

3 和葛士賢一家到山上滑雪。

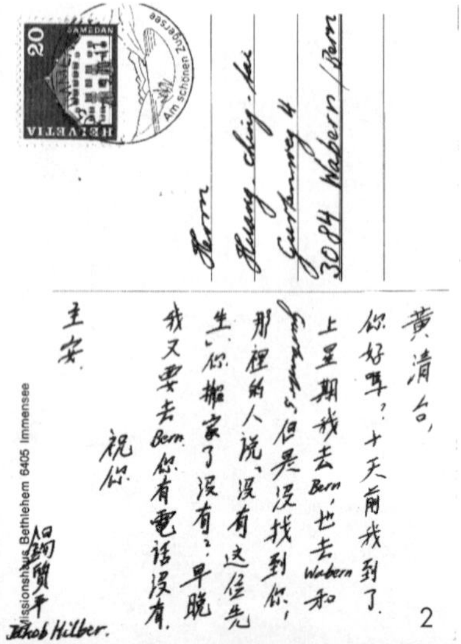

HELVETIA 20
SAMEDAN
Am Schönen Zugersee

Bern
Huang ching-tai
Gurtenweg 4
3084 Wabern /Bern

黃清台,
你好嗎?十天前我到了.
上星期我去 Bern,也去 Wabern 和 Gurtenweg 5,但是沒找到你,
那裡的人說,沒有这位先
生,你搬家了沒有?早晚
我又要去 Bern 你有電話沒有.
祝你
主安.
錫質平
Jakob Hilber.
Missionshaus Bethlehem 6405 Immensee

1 出國前在機場與妻子簡瑞蕙及長子黃哲彥合照。

2 錫質平神父寫給黃清泰的明信片。

3 參加瑞士師傅學校的同學Christian scheidegge-hochzei的結婚典禮。

4 留學瑞士時常利用假日到楊飛龍(左)家聚會,懷抱中為後來成為大提琴家的楊文信,右二為楊太太李清波,右一為楊伯瑜。

小屋
THE SHACK
收錄作者十周年最新序言・16張全彩劇照
口碑十年不墜的出版奇蹟・改編電影《心靈小屋》全台感動獻映
原本只是自費印刷15本的故事，卻讓全球兩千萬人流下療癒靈魂的眼淚
最不可思議的天堂假期，
一場超乎想像的美麗奇蹟
你是否願意深入記憶中最黑暗痛苦之處，
尋找真正的愛與救贖？
威廉・保羅・楊（Wm. Paul Young）著
定價350元 寂寞出版

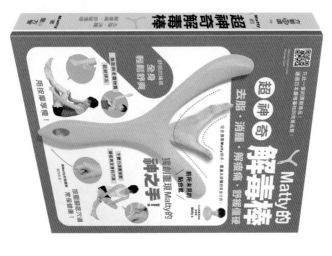

11 回國接任公東校長，推動學徒制本土化

一九七五年我從德國進修返國，隔年春天李先達神父即辭校長一職，白冷會於是公布我接任公東第五任校長，從一九七六年九月開始赴職。這件人事布達花東天主教界後，大家爲之譁然，因爲我是台灣基督教長老教會的信徒，到天主教學校擔任校長，無疑是誤闖森林的一隻小白兔。當時，傳聞培質院院長鄭鴻聲神父亦有意擔任此職，但人事令發布竟然不是他。

我自知大環境對我的人事命令極不友善，一度推辭，但兼任會計的瑞士籍蘇德豐神父對我說，若不接校長，白冷會寧願把學校關掉，我這才惶然上任。於是我便到大武天主堂親自邀請錫質平神父回校擔任總務主任兼舍監，希望得到錫神父的協助之外，也能弭平一些不滿，但還是很難獲得本國籍天主教神父及教友的支持。

接掌校務後，我認爲「整頓人事，振興校風」爲第一要務，同時提出深化

「學生技術水準」及「學校財務自立」等校務革新計畫，後者便是我在瑞士時，和錫神父提出的建議。

在學校財務自立計畫方面，我提出第一年「以科養科」計畫，第二、三年則爲「以科養校」計畫。

在第一年「以科養科」方面，我提議機工科加工生產用的工作圖，交由機械製圖科學生來繪製，再由機工科學生製造成產品，銷售所得期能平衡機工科的開銷。木工科亦向外接單，生產家具，如學校學生使用的課桌椅，教堂椅等，使木工科的收支達到平衡。甚至鼓勵建築製圖科可利用寒暑假承攬土地測量工作，或由建築製圖科教師負責爲業主設計住宅，指導學生繪圖，從申請建照到申報完工，都由技藝教師帶著學生跑完整個建築作業流程，其勞務所得期能達到建築製圖科自給自養的目標。

經過一年演練後，各科進入生產工作，把學校當成一個企業體經營，接著便進入第二、三年的「以科養校」計畫，正式向外招攬工作，並在學校的實習工廠從事生產。公東在機械群（機工科及機工製圖科）及營建群（家具木工科及建築製圖科）的充分合作之下，相互支援，達成學校財務獨立的目標。暢銷書《公東的教堂》作者在該書中亦約略提到我參與焊接工廠生產醫用病床的往事。

當時我擔任馬偕醫院第十九屆、二十屆董事，同時擔任公東校長，因此有機會將學生製作的病床運到台北馬偕總院展示，與鄰近醫院的大同公司及其他數家廠商所生產的病床一較高下。公東學生製作的病床無論品質、功能及造型皆優於其他廠商，且價格低廉，因而得標。後來幾家大醫院，如台北醫學院（台北醫學大學）、耕莘醫院、台東聖母醫院、台東馬偕醫院、台東基督教醫院及高雄聖功醫院等，相繼大量採用，大大改善學校的財務狀況，公東學生精湛的技術一時聲名大噪。

我提出的校務革新計畫在全校師生通力合作下，在我四年的校長任內圓滿達成，使公東的校風得以重振，校譽也蒸蒸日上。當然，要達到「以科養科」、「以科養校」的財務計畫，師資的培育很重要，所以我在校長任內也十分用心於實習工廠師資本土化。

由於我有留學瑞士、德國的經驗，深知國外取經的重要性，也體認到必須培養本土師資，不能一直依賴外籍實習工廠教師，所以在校長任內，我選派優秀的實習工廠教師送往國外進修，學成後回校任教，白冷會就不必再派外籍老師來擔任公東實習工廠教師了，這就是公東高工所堅持的學徒制走入本土化的第一步。

大刀闊斧整頓人事

除了財務壓力外，在黨國不分的年代，身爲校長能不受政治力干擾，實在是非常困難的事，像我這樣一個剛正的人，挑戰尤其大。

崔廷選代理校長任內，因進用一批具有黨工背景的教會意見領袖擔任教職，影響了往後幾年的教學成果及校譽，這些人常向學生說些指桑罵槐的言論。我與錫神父認爲非大刀闊斧整頓不可，否則學校永無寧日。因此，我展現鐵腕，一次解聘了五位具黨工身分的天主教教職員工。

負責康樂天主堂本堂神父兼傳道學校教義研究中心主任的郝道永神父（Rev. Friedrich Hort），還因此從瑞士買了一支斧頭當聖誕禮物送我，他手上揮舞著那支斧頭，鼓勵我說：「學校要用它大刀闊斧！」這支有紀念性的聖誕禮物，我至今還留著。

只是這些人心有不甘，透過黨、政、情治系統及三流報紙，對我進行人身攻擊。前校長王志遠神父有一天看到一篇不實報導，深感不妥，還專程從台北新莊來台東找我，拿出這則報導，建議我反駁，並要求報社更正。我看了之後，感謝王志遠校長的關心，告知我決定不加理會，這些報導無非是心存不滿的教友所云！一笑置之也就罷了。

這件事情後來還是鬧大了，導因於一位在考試院任職的女士，對我的背景甚爲熟悉，她在國民黨某黨部的會議上看到一則黑函，指稱我的岳母是鴨蛋教的教徒，驚訝之餘，以高分貝的音調連說：「不對！不對！不對！黃清泰的岳母是教會牧師娘，不是鴨蛋教，這要查，要查！」

我的岳父是台灣基督長老教會牧師，也是一位醫生，岳母當然不可能是鴨蛋教教徒，她在日治時代曾是幼稚園教師。這個指控在當時相當嚴重，因爲鴨蛋教就是現在的一貫道，過去被國民黨政府視之爲邪教，是會被取締的。

上級因而派人專程來台東了解究竟，來調查的黨工提出十一個問題要我回答，我拒絕任何口頭答辯，要求以書面答覆，這位黨工於是列出以下十一條：

1崇洋媚外，打擊校長尊嚴（民國六十三年第一次校務會議）。

2民國六十三年九月於週會上公開宣講反對技能檢定考試及各種考試中考三民主義（師生可證）。

3民國六十四年第一學期第二週會派（排）定擔任中心德目演講，擅不參加。

4從不參加週會升降旗及各種紀念集會。

5阻撓台東救國團借用學校校舍辦理海岸健行活動（《大漢日報》可證）。

6體罰學生樹立個人威信（《大漢日報》可證）。

7助長邪教傳教者林明達留校任教，藉機向師生宣揚邪教。黃之胞兄黃清水及其岳母均是鴨蛋教徒（《大漢日報》可證）。

8歧視大陸籍教師。

9破壞教育制度、違反教育政策，自編教材，準備廢除部頒教材。

10六十一年暑假排斥國民黨籍崔廷選、蔡瑞秋、何鴻灝、杜中俊，並阻撓黨員吸收工作。

11六十四年十一月十八日於辦公室公開指稱（斥）職業學校排定三民主義與國文課程，實浪費時間、毫無意義。

有關第二條，我內人點出，民國六十三年九月我人在國外，何來黑函指控之事？因此，我將護照影印，證明何時出國、回國，並寫了「含血噴人」四個字，回覆這位中央黨工。

當時我還擔任長老教會台東教會培英幼稚園董事長，也有人投書指稱：「黃某任培英幼稚園董事長，告訴老師教小朋友不要愛爸爸、愛媽媽，還把三民主義課取消。」又引來台東縣憲兵隊憲調組人員前來公東調查。

我向台東憲兵隊隊長抗議，若真的如黑函所稱，不用勞駕你們，家長及學生就起來抗議了。他則回應，既然有人檢舉，派人來了解就簽結了，沒事了！這種莫名其妙的事時常發生，還眞的滿困擾人的。

其後我離開公東在企業任職期間，多次接到過去在公東擔任校長時合作過的廠商來電，提醒我要小心，因爲公東訂貨的教職員多次詢問：「黃校長有沒有拿回扣？」回以沒有，他們掉頭就走。沒想到我離開學校，他們還這樣緊咬不放。

政治力染指校園的年代

不僅校內引起風波，校外大環境對想好好治學的錫神父和我，也是一大挑戰。戒嚴時期，黨、政、軍伸入校園箝制知識分子的作為如同家常便飯，教界職務如督學、公立學校校長或教育行政人員都必須由具有黨、政、軍背景的人擔任。高中以上的學校教師，若不是國民黨黨員就不能擔任導師、訓育組長、訓導主任。

當時處於戒嚴時期，台灣社會充斥著打小報告、檢舉黑函與抹黑文化，光是應付中國青年反共救國團、縣黨部、各系統的情治單位及教育廳、教育局的安全室，也就是俗稱的人二室等單位，就需要很大的勇氣、毅力、韌性及智慧。

例如救國團經常來公函要舉行校際籃球賽、愛國歌曲比賽、行軍、打靶等活動。若學生參加這些救國團活動，實習工廠勢必停工，外籍老師就會暴跳如雷，他們無法理解為何台灣的政治勢力、黨國教育可以這樣深入校園。他們也不理會救國團，但學校若不參加，就會被貼上忠貞有問題的標籤。反對我接掌校長一職不滿的天主教黨工教職員，就拿著這點當利器，利用報紙大作文章。

有一年寒假，又接到救國團要借用學生宿舍辦理活動的公文，我與錫神父不知如何是好。因爲每年寒暑假錫神父都要留下十來位家境清寒的學生在校工讀，從事學生宿舍及教室維修工作，例如粉刷壁牆、修理課桌椅、門窗等工作，如果把宿舍借給救國團，維修的計畫勢必中止。幾經商議後，請教官代爲轉達，以宿舍維修爲由，礙難出借。這在當時是件不得了的大事，當時救國團主任還特地前來學校關切，我和錫神父依然拒絕。

我接掌公東時，陳姓訓育組長及吳姓教官均來向我建議，說要「布建」。當時我還不知道布建是什麼？經過說明，原來是要在每一班級及工廠安排一至二位同學不定時提供情資。我沒有採納他們的建議，如果教育要靠學生當「抓耙仔」來掌握學校狀況，這不是開民主倒車嗎？

曾經有位教育廳派來台東的駐區督學曾多次向我暗示：「公東什麼都好，只是校園內少了精神堡壘。」我明白他說的是要公東立一尊「民族救星」蔣介石的銅像，但需要學校向教育廳提出申請並報價六十萬元，他聲稱可協助核發這項補助經費。我推諉說，公東是一所天主教教會學校，凡事須先提報董事會核准，何況公東校園裡還沒有聖母瑪利亞的肖像呢。

後來木工科校友彭榮煌，捐贈一棵生長在太平山上兩千多年、直徑一．五米，高四米的台灣檜木原木，由機工科校友林國森親自從太平村積木場開大型吊車一路運到學校，立在公東校園中，我向這位駐區督學說：「這就是公東的精神堡壘，象徵公東百年樹人的教育精神。」從此這位駐區督學才不再提立像的事。當時各級學校大概恐怕只有公東沒有「民族救星」的立像吧！

那位駐區督學有一天晚上，又以電話召集三所台東縣私立學校校長到台東舊火車站前的新東園旅社一間客房，包括東峰高中校長、育仁高中校長及公東高工我等三人，每人發給兩張表格，一張要我們自己填報優良事績，他說要爲我們向教育廳爭取「績優私校」，這樣學校就可獲得獎勵或推薦我們領取師鐸獎。另一份是要吸收我們爲其外圍組織，定期寫小報告提供情資，且有稿費可拿。

東峰高中校長與我不願被摸頭，一走出旅社就把這兩張表格撕了，但育仁高中校長遵照他的指示辦理，果然育仁高中眞的榮獲「辦學績優私校學校」的頭銜。當時的育仁高中是一所連學生都招不到的學校，竟然獲得辦學績優而拿到教育廳的獎助，結果引來花蓮縣幾所私校聯名抗議，這位駐區督學便因查報不實被層峰處分，由督學降爲視導。

對學校的直接干涉如此，校外的政治事件也要學校配合，例如越戰結束時通令全國把「南海血書」列入教材，後來事跡敗露，原來是中央日報的記者杜撰的故事。一九七八年發生驚天動地的美麗島事件，國民黨展開大逮捕，脫逃的施明德於隔年一九八〇年一月八日在台北西門町被捕，政府通令全國各級機關、學校燃放鞭炮，台東縣一時鞭炮大響。唯獨公東拒放鞭炮。

在那樣的威權時代，學校要能不受政治干擾，實在不是件簡單的事，但我和錫神父一直爲此努力，一路走來的艱辛實非三言兩語可以道盡。

設技術輔導室因應教改政策

一九八〇年二月，因爲階段性的任務已經達成，我辭去公東校長一職，並推薦簡安祥先生接任第六任公東校長，蔡美瑛老師接任教務主任。

簡校長畢業於中原大學建築系，美國華府霍華德大學建築系碩士，高等考試及格取得建築師執照，是一位青年才俊，也是國際技能競賽的建築木工裁判長，在台灣技職學校師資缺乏的年代，願屈居公東擔任建築製圖科教職，實屬難能可貴。他在擔任教師之時，就常利用寒暑假帶學生爲業主做建築設計製圖、測量、設計房子，申請使用執照等，一方面讓學生得到實務經驗，一方面爲學校擴充財務。

由於他在國外待過，和我理念接近，願意協助錫神父將學校的管理工作及財務問題處理好，其後面對教育部一連串的教改行動，也很尊重我的做法，讓我負責課程安排、工廠實習及生產線上的教學，校園內的溝通，對外的公關，在他調和鼎鼐之下，凡事都很圓滿。

例如有一次焊接工廠旁要蓋廁所，我認爲要放外面，這樣可以讓住宿生方便使用，錫神父則認爲要放工廠裡面，兩人爭得面紅耳赤，簡校長兩造溝通一下就好了，他就是這樣的人。

退下校長職位的我，仍持續公東教職，把原來的「就業輔導處」改為「技術輔導室」，此乃因當時公東畢業生各公司行號爭相聘用，根本無須就業輔導，但政府的技職教育政策朝令夕改，所以我才把「就業輔導處」改為「技術輔導室」，並擔任該室主任，專心研究學徒制本土化的重責大任，這在當時衆多學校中，獨一無二。

這項職務首要處理機械群與營建群之間的協調工作，次為規畫並編寫教材、教案，以延續公東學徒制技術訓練，再來就是實習工廠的研究開發及生產工作，最後一項則是為學徒制本地化做準備。

在這個職位上，我帶領公東團隊研發木工、機工產品，師生合力製造，把公東當成一個企業體經營，樹立了公東的企業文化，並力求平衡學校收支，在台灣可說史無前例。

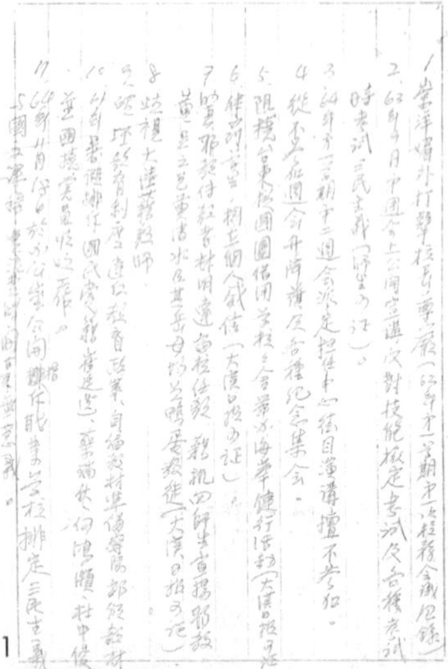

1 時任公東校長時所收到的黑函。

2 從李先達校長身上接下校長的合影照片。

3 職訓局長陳聰明（左）來訪，黃清泰（右）為之解說學生做的刨床。

4 馬偕董事來校參觀採購病床。

5 錫神父為公東新買的六十萬的車床祝聖，教育部補助十五萬。

12 我在公東的最初和最後：懷念亦師亦友的錫質平神父

進入公東高工任教時，我才二十四歲，錫神父則正值壯年四十三歲，學校蓋好之後他就交給白冷會管理，孤身一人轉往大武傳教，偶爾才騎著重機呼嘯而來，當時我跟他僅止於見面寒暄，並無深交，直到八年後我遠赴瑞士求學，他剛好回瑞士為公東籌募資金，才有機會深談，待我回國重任教職、擔任校長時，便請他回任總務主任，於是有了更密切的接觸與合作。

錫神父在二十一歲那年加入天主教白冷外方傳教會，畢業於瑞士弗萊堡大學，是個文史哲通才，曾經前往中國北方傳教，後於一九五三年十月來到台東，被任命為白冷會台灣區首任會長及台東縣總鐸區的總鐸，可說是白冷會在台傳教的奠基者，傳教活動大多集中在後山地區，伴隨著興學、醫療、農業技術開發等多項社會服務工作，實際參與了戰後台東地區的建設，對於天主教在東台灣傳教的貢獻居功厥偉。

剛來台東時，他在福建路蓋了天主堂，隔年大武鄉南興村排灣族劉姓頭目前來邀請他到南興村傳教，又蓋了南興天主堂，公東高工創校之後，他又回到大武，從此選擇長期駐地在這個資源最貧瘠的台灣偏鄉擔任駐堂神父。

他透過白冷會幫助過許多繳不起學費而失學的孩子。每當他穿梭在部落之間，發現學齡孩童沒上學，就會主動關切並提供協助，到底錫神父幫助過多少失學的孩子，白冷會至今沒有人做過確切的統計。

錫神父有種鐵漢性格，行事嚴謹、勤儉自律，卻也有瀟灑可愛的一面，經常騎著重型機車跑遍台東各偏鄉部落，孩子們看見他就高聲大喊：「神父好！」他便猛按幾聲喇叭，臉上堆滿笑容大喊：「小朋友好！」逗得孩子們非常開心，即便晚年罹癌，身體尚可的時候，依然騎著機車到部落去，這一幕應是許多台東人的回憶。

雖然公東高工創校初期錫神父並未參與校務，但長期關心學校事務，爲公東募款而奔波，所以一九七五年當我上任公東高工的校長，便親自到大武天主堂力邀錫神父回來他一手創辦的學校擔任總務主任兼舍監，協助管理學校財務。

另一原因是我乃基督教長老教會的信徒，公東卻是天主教白冷會所創立的學校，白冷會堅持指派我擔任校長難免會有反對聲浪，所以我決定央請大家都很信任、尊敬的錫神父來協助我。和錫神父共事的那段日子，他確實替我承受了很多無妄之災，特別是在整頓校務時，我遭受許多不實謠言及黑函的打擊，他都為我承擔。

一位校友賈孝遠在創校四十五週年校慶上寫了這麼一段話：「有一段時間學校有很多師生不是很諒解黃清泰校長的管教態度，教會也有許多反對的聲音，神父私下常表示對他的期待，但公眾場所絕對支持讚許黃校長的績效及成就，也因此那一段公東高工多元價值的黃金歲月，令許多校友留下深刻印象，神父就像董事長信任總經理一樣，權責分明，疑人不用，用人不疑。」

一九八四年七月二十三日台東縣政府在蔣聖愛縣長任內頒授榮譽縣民證書給錫神父時，錫神父在致答詞時就說了：「在學校裡，就是黃清泰、簡安祥校長，沒有他們，當然我也做不好什麼事，我感謝他們，希望他們今天也分享這個光榮。」

對我的協助如此，對學生，錫神父則是個既嚴厲又慈愛的長者，尤其對於當年離鄉住校的那群大孩子而言，他就像一位對孩子呵護備至的父親。兼任舍監的他，宿舍就在學生宿舍旁邊，每晚總要巡視一圈才回房入睡，遇到踢被子的，就給學生蓋回被子，遇到不睡覺的就會斥責。他最晚睡，卻也最早起，每天清晨學生還在熟睡中，他已經起床，一間間宿舍去敲門叫醒大家，為免學生醒了又睡，他還會來回再敲門一次。

遇到窮學生買不起工具，繳不出費用，錫神父就會安排他們在學校工讀，安排星期六和他一起在大門口外的街道清水溝、刷油漆，如此三年的食宿費不但抵消，還會送一套全新的西德進口工具讓學生使用。至於工讀費用，完全來自錫神父做的資源回收，他把住校生用過的牙膏條、罐頭、廢紙集中分類出售，所得就當獎學金，不夠就調用瑞士賙濟的奉獻金給付。

他常利用住校生晚自習後、就寢之前的自由活動時段跟學生聊天，令我難忘的是，他多次為染患香港腳的學生洗腳敷藥。所以一些學生感冒、胃痛時，寧可找錫神父拿藥，也不願到聖母醫院看病。神父這樣身體力行，我受他的感召，也會帶著學生去刷廁所，親自示範怎麼樣實實在在的把事情做好。

一九八二年，錫神父在瑞士募款時被檢查出罹患腎臟癌，醫生估計只剩六個月的生命，但他卻跟院方表示：「死也要死在自己的故鄉台東」，之後數度回瑞士治療，但每次出院不待休養，即匆匆趕回學校工作。最後一次是一九八五年元月，在大家的催促下，錫神父勉強再度回國治療，送行時我曾對他說：「在家好好治病、療養，等聖誕節我一定去瑞士看您。」但是三月一日開完刀，聽完醫生對病情分析後，不顧親戚朋友及醫生的勸告，他又毅然回到台東。

我還記得他拿著藥丸對我說：「倘若這次醫生開的藥仍然無效，就無痊癒的希望。」又說：「即使有那麼一天來臨，也要安息在我所熱愛的土地上，至少還可以在地下轉化成肥料，肥沃台東的土地。」我聽了這段話後一陣鼻酸，背著他，不願讓他看到我在流淚！

癌末期間，從瑞士返台前，他弟弟給了他一筆錢讓他好好養病，他卻全數捐給公東蓋了座籃球場。今天在當年公東高工機工科學生打造的其中一座籃球架的橫桿上，還可看到一個鐵牌焊上「瑞士錫安東贈」這幾個字。

錫神父回到台東不到一個月便於一九八五年三月二十八日與世長辭了，葬禮非常盛大，許多接受過他幫助的學生都回到台東送他一程，我們依他的心願安葬在大武南興村排灣族劉姓頭目家族墓園，劉家人還將墓園居中爲首最大的一處讓他安息長眠，我則親自爲他的墓碑刻上「錫質平神父之墓」。

這其中有個感人的故事。當年大武鄉南興村魯加卡斯部落的排灣族頭目劉樟三兄弟專程到台東鎮福建路的天主堂找錫神父，邀請他到南興村傳教，後來這位頭目壯年辭世，臨死前，將只有幾歲大的獨子託孤給錫神父，錫神父答應了，頭目爲表謝意，便提出將來有一天能與錫神父一起長眠在南興村劉家祖墳地的願望，錫神父欣然允諾。

錫神父不負頭目所託，培養這孩子到大學畢業，劉家人記著這一切，待他故去後，便依大禮，將他迎進劉家墓園。出殯時，我奉命「捧斗」，走在出殯行列前頭，卻引來一陣議論紛紜，說我是公東繼承人。

告別式一完，鄭鴻聲神父立刻提醒我：「錫神父過世了，你當自行打算了。」我了解他的用意，兩年後，我認爲在公東的階段性任務都已達成，是離開的時候了，便於一九八七年七月結束在公東高工二十七年的教職，轉往西部企業發展。

我常跟人說，我不是公東繼承人，我是錫神父精神的繼承人，能有機會與瑞士天主教白冷會會士及外籍技術志工們共事，是我一生中最難得的經驗，他們的工作態度及奉獻精神深深影響我的人生及價值觀，公東也因此成爲我成長及學習的搖籃，我感念錫神父爲我承擔的一切，讓我畢生以教育工作者自居，退休後亦繼續在社區、原鄉從事成人教育，從中獲得莫大的成就感與喜樂。

即使離開公東以後，每次帶台灣的學生出國參加國際技能競賽凱旋歸國時，我一定會到錫神父墓前向他稟告：「神父，我感謝您，黃清泰沒有給您漏氣！」以此感念過去二十幾年錫神父對我的協助及提攜。

1 錫質平全家福，錫質平為後右一。

2 一九五三年十月五日錫質平神父（右二）和司路加神父初到台東，費聲遠主教（右一），東河天主堂池作基神父（左一）。

3 錫質平晉升司鐸。

4 錫神父常騎著重機至原住民部落。

5 一九八四年七月二十三日錫質平神父得到台東縣榮譽縣民。

6 一九八五年三月，錫質平神父病故，依錫神父的遺願，選擇了他最初傳教的地方，安息在南興部落故友劉樟墳旁。

7 排灣族老太太傷心的蹲在錫神父葬禮現場前。

第三章

離開公東

1 帶著學生，投身企業打天下

一九八七年是很特殊的一年，於我，於台灣都是。那年初夏，公東校慶剛過，我已經在爲離開公東教職做交接的準備事宜了，台中大將作家具公司的老闆王錫寅、王乙鯨兩兄弟得知我即將離職，專程來找我，希望我到大將作擔任總經理一職，他倆開出月薪十萬的待遇，差不多是我教職薪水的四倍，要我幫忙整頓公司。那時我正想到企業發揮德國、瑞士所學，也想把學生帶進公司的管理階層，因爲台灣是個講究學歷的社會，公東畢業的高職生頂多爬升到廠長職位，無法再晉升以專業長才影響公司營運，這是非常可惜的，所以我想讓他們當我的特助，待我離開便可提拔他們升上來。

我和大將作老闆兩兄弟一拍即合，除了讓我帶領學生班底一起上任之外，也要求公司派給我一部新車，好讓我週末開回台東。和我一起離職的簡安祥校長，則被挖角到高雄前鎮加工出口區的台灣環美家具公司（香港柚木系統）擔任副總經理，原本單國璽主教爲他安排輔仁大學的教職，他拒絕了，和我分別朝業界發展，我帶著學生打天下，他則讓僅存的公東木工科建教班到香港柚木實習，用另一種方式持續作育英才。

就這樣，我離開了長達二十七年的公東教職，從寧靜的台東跨足來到熱熱烈烈的西部都會，正好迎上台灣經濟高度起飛的浪頭，也是黨外運動風起雲湧之際。不多時，總統蔣經國就宣布台灣地區於七月十五日零時起正式解除長達三十八年的戒嚴，那眞是驚天動地的大事，時隔半個月，內政部勞工司也於八月一日改制升格爲「行政院勞工委員會」，即今之勞動部。

八年的時間讓三間公司轉虧爲盈

甫到台中大將作，我發現工廠內的機器設備都是很精良的德國進口機器，所以問題絕對不是出在設備上。當老闆帶領我們師徒一行人巡視廠房，他一打開倉庫，全是堆積如山的退貨，盡是精密度不夠的板類家具，我一眼即知問題出在設計，這也是他兄弟倆極力邀請我去當總經理所要解決的難題。

於是，我要求聘請一位專業的財務經理，至於我帶去的學生，原本也是公東技藝教師的黃國則擔任廠長，我曾經送他到德國受訓，他的技術我有把握。曾經被我安排赴美學設計的劉瑞慶則當設計部主任，其他還有黃俊傑、賴明世、吳金虎等多位學生。

當時企業界很看不起教育界出身的人，這是其來有自的，因爲台灣技職學校的老師通常光說不練，所以初到大將作時，工廠工人們也很質疑我們這群老師學生的能力，員工們時常抿嘴偷笑說：「這批來自鄉下台東的老師班干有法度？」

不過其後的發展卻讓他們大開眼界，我住在工廠，白天晚上都在工作，帶領學生從設計開始著手，再調整生產線，從設計到生產，每一步都精準到位，所生產出來的東西很像德國家具，樣式新穎好看，博得好評，老闆也很滿意，四個月後就成立了門市部，大約兩年就轉虧爲盈。那些工人有所不知，這些經營管理的本事都是在公東磨練出來的。

公司賺錢了，讓大將作起死回生，我的階段性任務也算完成了，而且名號一下子就打響了，便有其他廠家來挖角，當時我選擇了位於桃園平鎮的松耐特公司，也就是現在的松華實業，我計畫把桃園附近的學生找來一起重塑這家企業。

於是，我推薦黃國升任大將作的總經理，他的工作能力老闆看在眼裡，十分認同，在那一批學生的合力經營下，國外訂單紛來沓至，產品銷往香港、日本、美洲，後來老闆轉投資其他工廠，便將大將作轉讓給設計部的吳金虎，他自公東畢業後又讀了北科大，實力堅強，生意做得非常好，我至今仍常去台中看他。

我轉往企業發展的第二家公司松耐特，當時已創業七、八年，也是一家營運有點問題的公司，以生產聚酯膠合板和膠合板家具爲主要產品，也就是美耐板類的家具，和我以往的素材不同，這點讓我覺得有挑戰性。我把幾位在中壢工作的學生找來，包括現任公東高工木工科主任的蔡茂發，現在在台東做廚具生意的鄭朝福和張立等幾人，他們原本都在一般家具工廠上班。

我們這群師徒一樣沒日沒夜的工作，幫公司設計出適合美耐板材質的產品，包括電腦桌、各類廚具等。當我們首創符合人體工學的彎曲台面電腦桌一生產出來，廣受好評，日本顧客非常喜歡，紛紛下單，公司的業務一下子提升了起來，我在任的兩年內替公司打下很好的基礎，一路都很順利。

讓兩家經營不善的公司起死回生，我的名聲更加響亮了，這回是大公司來挖角。當時規模很大、生產鋼材辦公家具的優美公司請了一位日本顧問來找我，幾番思量，我答應跳槽過去擔任副總經理一職。

當時優美的總經理就是老闆，下設五個副總，因爲想發展木製辦公家具，所以需要我來開發相關產品，當時公司已經在湖口、楊梅交界處設立了一個木工廠，我就前往那裡上班，開發木製家具。不過這回我沒辦法帶我的學生一起去，因爲優美已經是個很有制度的大公司，人事上沒辦法隨機安插，所以這個工作算是我個人的職場挑戰了。

當時台灣的工廠都是替國際廠牌代工，開發能力很差，政府爲了提升產業，便推動「小歐洲計畫」，請了歐洲設計師來輔導台灣的業者，這個計畫就讓優美來承辦，於是我建議請德國設計師Mr. Kryeer來安排一個十天的講座課程，一天的講習費就高達十萬，十天一百萬，讓優美的設計師、業務共十個人來參加，我當翻譯。第一天所有人都來了，但課程太深入，大家都聽不懂，接下來幾天人越來越少，最後只剩我跟講師兩個人，我這當翻譯的最有收穫，學到了規格化多樣多量的生產模式。

上完課，我跟設計師連夜畫圖，設計出第一代的半組合辦公家具，家具不分左右邊，可以任意組合，所以一個模組可以組合出很多變化，而且包裝比較簡便，生產的時候只要看號碼，不需看圖即可完成，這又是當時台灣家具業的創舉，當然也爲優美創造業務佳績。

由於我通曉德語、日語，公司經常指派我陪老闆一起到德國、美國談技術合作，有一次出差到美國密西根州的Steelcase家具公司，回程時，總經理買一打XO交給我帶回國，他會幫我打點桃園機場的海關特殊通關口，入境不成問題，不會受到一個人只能帶一瓶免稅酒的限定。

我對這種走後門的作法很不以爲然，加上在美國登機時，爲了放這一打XO，在飛機上折騰了很久，空中小姐及一些乘客都在幫我喬位置放行李，讓我覺得很丟臉。後來我才知道優美背後的大老闆是吳伯雄，所以通關才能走後門，而且台灣的政府機關都用優美的辦公家具，也難怪老闆的企業第二代不務實，只會拉著大官照相，這些事讓我對這家公司起了一些反感，我認爲這樣企業沒什麼前景，果眞，後來我離職之後股票就一直猛跌。

積勞成疾，罹患帕金森氏症

我在優美上班兩年，之所以離職，是因爲優美公司看我是國際木工裁判，跟勞委會關係很好，就要求我向勞委會申請五十位外勞，但我按照規定申請二十位，沒有達到目標，總經理就對我說：「黃副總，以後勞委會的事情你不要參與了。」

我聽了很生氣，我告訴他：「我身爲國際裁判是榮譽職，你要我辭這個工作，那我選擇辭掉優美。」我就這樣憤而離職了，後來公司匯了四十萬慰勞金給我，他們可能以爲這樣我就會回去工作，但我還是拒絕了，這四十萬慰勞金我分成四份，十萬捐給晨曦會戒毒中心，匯了十萬給正在日本讀書的大兒子黃哲彥，十萬給正在倫敦傳教的日本基督教團傳教士松谷先生，另一個十萬則給吳文牧師，他在美麗島事件中協助施明德全程逃亡，落得淒涼下場，算是對他的付出所做的一點回報吧。就這樣，我花完天上掉下來的四十萬。

離開優美不久，大將作的王老闆又來找我，當時他在苗栗銅鑼買了一處已經遷移到中國的鞋廠廠房，取名「駿興工業」，準備生產板類組合家具，我找來學生賴明世幫忙，用木心板做框架，夾板做面板再封邊，做出來的家具大大減輕了重量，這樣的設計其實是爲了因應當時紛紛蓋起的現代化高樓，以方便家具的搬運，現在一般大賣場賣的組合家具就屬這一類，以全自動機器生產製作，非常快速，通常早上八點開工裁板，十點就可以包裝了，各大賣場都銷售得非常好。

後來以空心家具「flash」聞名的日本靜岡縣「白井產業」，得知我利用小歐洲計畫學了 Kryeer 先生那一套製程，就來跟駿興談合作計畫，並派五位幹部來參與，在這過程中我發現日本人有一點很討厭，不會釋出關鍵技術及機械，他們來跟駿興合作生產的這套家具需要全自動化機械設備，但他們只願意賣給我們舊機種的組框機，算是日本產業的保護措施吧，不像台灣商人爲了個人私利，近年在產業西移的政策下，全廠遷到對岸，不斷輸出關鍵技術，以至於今天台商已經沒有立足中國的優勢。

不論如何，我們每天在一起討論、生產、開檢討會，晚上我都得加班畫設計圖到半夜兩三點，因爲這套製程生產很快速，爲了趕上生產線進度不得不然。

兩年就讓一家公司再起，我的名聲也越來越響亮，業界給了我一個封號「木業界的唐吉軻德」，本來我還想再到南部找一家工廠把南部的學生帶上來，但是在駿興後期我就感覺身體微恙，一九九三年九月在台北舉行的第三十二屆國際技競賽，在擔任評審的過程中，雙手不停顫抖，平衡感變差，我利用空檔到馬偕醫院檢查，腦神經科的蔣醫師說我因爲長期勞累、睡眠不足、用腦過度，患了帕金森氏症，頓時我感覺晴天霹靂，萬念俱灰。留德的蔣明富醫師勸我好好休養，於是我辭去工作，決定退休，結束了在西部八年四家工廠的業界生涯回到台東。

要說，離開教職的我，其實涉足了更寬廣的領域，不過這也奠基於公東任教時打下的基礎就是了，而在木業界工作八年，一向做事不按牌理出牌的我，則學到了以毅力與堅持、談判與妥協來化解爭端的藝術。能發揮國外所學，除優美集團以外，使三家經營不善的公司，在短短兩年內就轉虧爲盈，也是我人生難得的經驗。

2 退休返回台東

拖著病體回到台東的我，自覺長久以來以事業爲重，忽略了對家庭的照顧，尤其十分愧對內人，自從兩個兒子離家就學，我又到西部工作，讓她一人獨居在台東好些日子，即使過去我在學校教書，每天都是清晨五點半就到學校，和錫神父一起把寢室大門一間一間打開，叫住校生起床，晚上也是等住校生就寢才回家，我把全部精力放在改革校務，建立制度，力求改善學校財務上，老實講，我那兩個孩子如何長大的，印象很模糊，因爲孩子的教育全落在她一個人身上。

還好我娶了賢慧的太太，從不對我抱怨，讓我全心投入工作而無後顧之憂。她是公務員，白天上班，晚上回家照顧兩個孩子，一肩扛起家務，這些年來眞的委屈她了。

於是我告訴她：「我把家庭交給妳，對妳有虧欠，之前我的時間都用在學校、工廠裡，現在回來了，我就不會再離開台東了，往後會在台東好好陪妳。」

我說到做到，回到台東超過二十年了，即使平常白天在外頭很忙，我還是盡可能回家跟我內人一起吃午餐、晚餐。我曾一度在簡安祥的建築師事務所工作，後來他的公司搬到台北，希望我同往，但我不負對太太的承諾，還是留在台東。

四年前的某一天早餐時，她有感而發，心存感恩地說：「上帝爲人關一扇門，卻也爲他開另一扇窗，我們要感謝天主教會不容你，若你不離開公東到企業界工作，哪有經濟能力把兩個小孩送到國外念書。」她說的沒錯，長子到日本東京神學大學念了八年，次子在美國密蘇里大學讀了五年，如果我還在學校教書，根本不可能負擔得起。她這話，也算對我這些年在職場拚搏的肯定吧。

後來我的身體逐漸好轉，這是因爲剛剛回到台東那段日子，我到寶桑天主堂找以腳底按摩聞名的吳若石神父協助我療養，他也是白冷會的傳教士，幫我找來一名叫安娜的原住民婦女爲我做腳底按摩，搭配到知本溫泉泡湯，說來不可思議，但我的身體的確逐漸好轉。

重任醫院董事，投身老人照護和社區服務

在家休養的那段時間，我常在陽台整理盆栽，當時台東基督教醫院的美籍醫師譚維義院長（Dr.Frank D.Dennis）每天上班都會經過我家門口，看到我便微笑揮手，有一天譚院長和妻子特地來找我，說自己已經年老，要回鄉照顧母親，希望我接下董事一職。當然，他也很清楚的表明要借重我過去在公東任教後期同時擔任馬偕醫院董事一職時，聯合蔣愛聖縣長籌建馬偕醫院台東分院的經驗，以及這幾年在企業累積的經營長才，因爲當時正面臨全民健保實施在即，他很擔心制度的轉變會讓他一手創辦的台東基督教醫院面臨倒閉的風險。

我考慮一週，便答應譚院長擔任東基董事，後來還當上董事長，所以在我回到台東隔年，又開始進入忙碌的東部基督教醫院改造歷程。

當時譚院長功成身退，由蘇輔道醫師接下東基第二任院長職務，首當其衝就得面對全民健保實施的制度改變，東基根本無力面對競爭激烈、營運惡化和財務每況愈下的困境。由於院內許多沒有證照的護理人員不能繼續擔任原來的工作，必須新徵一批有證照的護理人員，因此新舊人員的衝突不斷，後來我排除萬難，

興建財團法人長青養護中心，並獲得職訓局補助辦理看護工培訓，成功將一批東基舊員工轉職到新設立的養護中心，爲他們避開被資遣失業的風險，並協助東基轉型成地區醫院，同時又於一九九五年創立了台東縣新生社區發展協會，讓東基的醫療資與社區服務結合，一起推動社區老人送餐服務、照顧獨居老人、青少年育樂等活動，讓東基奠定了走入社區服務的基礎，並恢復過去的榮景。

當初我蓋長青養護中心，除了想讓東基員工轉職之外，也是因爲看到很多台東的失能老人因子女到西部工作，而無人照顧，蓋了養護中心就可以提供老人一處安養天年的地方。因此，我親自設計、起造、監工，花了兩年的時間蓋好，之後全無支薪，持續經營管理達三年。

回想當時申請到政府的補助時，需要一千多萬的配合款經費才能核發下來，教會根本不可能出這筆錢，我也沒錢，於是我找了一位人面很廣的學生幫我去跟地下錢莊借了一千萬，他眞的用他的名義去借錢，將借款存入銀行拿到存款證明，我只花了三萬多元的利息，將借款還給地下錢莊，兩個月後補助款核准下來，如果補助款沒有核下來，我可能就要賣房子了。

台灣話有一句「好膽有阿」，我想我就是這樣的人。

我之所以願意無償做這些事，實是因爲這一生受外國傳教士的影響很大，除了錫神父之外，受他號召而來的那些歐洲技藝教師，每一位都是志工，他們在回到母國之後，多位仍持續社會服務的工作，精神令人感佩。

我在德國進修時，回國前曾專程去探訪過去在公東任教過的裴德鄰及白若瑟兩位木工科老師。前者回國後在奧地利鄉下菲拉赫收容腦性痲痺的小孩，後者亦在瑞士鄉下的吏維治收容智能不足孩童，並設庇護工廠，兩人都像慈祥的父親那樣照顧著孩子們的生活起居，我深受感動，所以回台在公東擔任校長之餘，也開始涉獵社會服務，包括同時擔任培英幼稚園董事長，卻惹來告密風波。

一九七九年我又和林茂安一起在蘭嶼創立了「蘭恩幼兒園」，我是首任董事長，當時花了一些工夫跟退輔會周旋，談成一甲多的土地來蓋幼稚園，我因此被官方的人稱作「文化流氓」。

我在德國西柏林曾待過半年，當時那裡正在從事大戰後的城市更新，社區發揮了很大的力量，讓我眼界大開，所以當我從西部退休回到台東之後，剛好有個機緣，得以參與台灣基督教長老教會總會屬下的花東社區發展中心的業務，我在豐濱成立消費合作社、卓溪農業合作社，在豐濱消費合作社，發展不二價的販售方式，將產品貼上價錢標籤，買了手搖收銀機，教他們補貨、進貨、貼標籤，請了一個商校畢業的原住民女生來經營，在還沒有超商的年代，可以說是創舉。

後來我在初鹿推廣乳羊養殖，在蘭嶼成立漁業合作社，也在許多部落成立部落原住民儲蓄互助社，以此協助原住民發展在地產業，這些都讓我很有成就感。所以不管是興建馬偕醫院台東分院，還是退休後回到台東創立南島社區大學，以及重整東部基督教醫院，創辦長青養護中心，這一切即使困難重重，我仍樂此不疲，而且誰都沒想到東基竟然沒有在我手中關門，反而東山再起。

原本想回到台東好好陪伴太太的我，卻整天在社區裡打轉，忙得不亦樂乎，我太太就說我是個無頭蒼蠅，但我自認爲是個追夢人，直到現在仍在追夢，而且夢想都一個個實現。

●三十年後再當校長

二〇〇九年八八風災，全台受創，台東太麻里鄉災情非常嚴重，空氣卻有一股很香的檜木味道，遠遠海上有一條黑色的線，接近一看，原來都是大木頭，從山上漂來的，綿延了好幾公里，整片海岸都是，怪手還直接開到木頭上去撈，台八線海岸沿途都屯放著成山成堆的漂流木，我就想這些木頭應該善加利用，於是我又在南島社大開辦的木工課程，也到部落指導原住民朋友利用漂流木製作創意家具。

太麻里一帶的聚落大多是原住民部落，部落人口外流一直是原住民部落最嚴重的問題，使得部落經濟崩潰，家庭也跟著崩潰。當時我想起早年政府推動的家庭即工廠的政策，如果能創造一種產業可以讓原住民在部落裡工作，就不用流浪到西部城市裡打拚了，還可以在家好好照顧父母與小孩，我想原住民本來就擅長木工，應該是很適合部落的產業。

在桃源國小校長鄭漢文、清華大學傑出校友油脂公司董事長李義發先生、清華大學生命科學系主任曾晴賢教授等人的協助下，得知多良部落的小學廢校之後就變成閒置空間，李義發董事長便和縣政府接洽，在多良國小舊校舍成立了「向陽薪傳技藝樂校」，開辦木工班，找來附近部落的青年來上課，所以大家又叫我校長了，只是我這個校長是個不支薪的志工校長。

我發現多良的原住民普遍酗酒，但木工需聚精會神，所以我在向陽每天都要求做酒測，現在他們已經都能通過了，顯見很多學員已經改了喝酒的習慣。剛開始那幾年，我每天開著二十幾年的老爺車，一個星期最少四天，從台東來到太麻里多良村。我的理想是讓多良木工坊成為一個社會企業，能夠接單生產，創造營收，這樣族人就可以留在部落照顧家裡了。

多良木工坊成立的第二年，來了一位部落青年張明義，竟是公東木工科的畢業生，我大喜望外，就讓他擔任廠長。原來他在我離開公東那年畢業，之後就隨著簡安祥校長到香港柚木環亞公司當樣品師傅，一九九〇年代台灣家具業沒落，他轉行當廚師，在知本、延平鄉一些餐廳當大廚，從族人得知我在部落開木工班，就毅然決然辭去工作找上門來，我回去翻開過去學生資料，發現他還有三張報告沒交呢，現在算來補交作業吧。

這幾年在多良我培育了幾名木工好手，已經能生產出精良的家具及益智單位積木等產品，可以對外接單了，也闢出教室當門市，目前張明義負責對外洽談業務，一位他校木工科畢業的江國光則接任廠長，最特別的是有個失聰的學員，可以用線鋸鋸出很精細的線條，做出非常精緻的木藝品。

不過留住人才還是很困難，好不容易訓練出一個人，但基於現實考量，他們卻又回去做板模、綁鋼筋等工作。爲了解決這些難題，我現在輔導他們多角化經營，請人來教族人做麵包、餐點，現在已經開始提供餐飲服務了，山下那些慕多良車站之名而來的遊客，經常會順著步道逛到木工坊來，這裡有門市可以買木工紀念品，有餐飲及咖啡可以提供，還開設了背包客棧，很多學校也把木工坊當做戶外教學的地點，林林總總，我想讓學員們財源廣進，好讓他們能夠留在部落，這是我僅能夠爲這些亟需外界支援的部落所做的一點協助。

1 初到台中大將作針對不良品討論研發，左一黃清泰，站立者劉瑞慶，右二黃國，翻拍自大將作手冊）

2 回到台東之後黃清泰決定好好陪伴妻子。

3 蔡英文總統也曾拜訪向陽木工坊。

4 回到台東所創建的長青養護中心。

第四章

為後來者言：我的公東經驗

1 一九七〇年代工業轉型與台灣技職教育政策

這幾十年來教育不斷改革，然而現在技職教育卻只求升學不求技藝，造成供需失衡，因此我想談談當年技職教育整體的環境，和其後公東如何應對那十餘年紛亂的技職教育政策，也想和關心教育者分享，我們如何將「學徒制本土化」，讓學生能眞正學得技藝，讓他們的能力得以發揮。

一九六〇年代台灣經濟開始起飛，台灣的工業由勞力密集轉爲技術密集，爲解決經濟發展的人力需求，教育部於一九六五年五月配合政策積極培養各行各業的基層技術人力，並頒布「高級職業學校設置暫行辦法」，也爲導正國人的升學主義，開始推動「勞工神聖」的職業觀念，鼓勵青年學子就讀職校，學得一技之長以進入就業市場。當時政府還推動農業支持工業，並於一九六六年十二月在高雄設立全國第一個加工出口區，吸引許多農業人口前往就業，東部原住民部落的農業勞動人力亦開始往加工出口區附近的小港、草衙一帶遷移。白冷會蘇德豐神父、于惠霖神父、郝道永神父等，爲因應這個潮流，隨即到小港進行牧靈工作，以照顧弱勢的都市原住民。

繼之而起的一九七〇年代卻發生全球石油危機，導致全球經濟短暫凋敝，迫使台灣工業升級以因應，並深化總體經濟發展，時任行政院長的蔣經國更於一九七四年積極推動十大建設，台灣的工業從此轉爲技術密集，高達百分之八十六的人力屬於基層技術工人。

再者，面對自動化生產以及數值控制時代來臨，迫使工廠由「多量少樣」改爲「少量多樣」的生產方式。經濟部成立的「中國生產力中心」於是擔負起輔導並協助民間中小企業工業升級，以自動化機械代替人力。

工業需才孔急，與此同時，九年國教實施，教育部採取各種措施來擴增高職的「類科」及「班級」，卻沒有足夠的技職師資加以應對，導致濫竽充數，教學品質大打折扣，造成技職教改難以彌補的大挫折。

搖擺不定的技職教育改革

爲了進一步改善台灣職業教育，一九七〇年四月經合會及教育部利用「中德技術合作」計畫，邀請西德商業職業教育專家費雷肯史坦（Dr. Herbert Fleckenstein）與工業職業教育專家文漢思工程師（Dipl. Ing. Hans Winkelhausen）來台。

兩位德國專家研究台灣職業學校教育體制後，向政府提出近似德國學徒制的雙軌制技職教育方式，也就是將傳統學徒培訓與現代學校教育結合，讓學生進入企業實習工作，藉此盡可能完成技術訓練，學科則在學校中學習，是一種「企業與學校合作的職業教育制度」。兩位德國學者並提出十一項建議，如下：

一、職業教育應實施「階梯式」教育方式，第一年爲基礎教育，第二年爲專業教育，第三年爲專職教育。第三學年之專職教育應儘可能在企業中以實習方式進行，並訂定統一的實習教育計畫。

二、成立職業教育建教合作委員會，由教育界與工商界代表共同研訂職業教育有關法規及標準。

三、針對各行各業需要，修訂職業課程，並訂定每行業的畢業證書、考試標準。

四、由教育界與工商界共同制定職業理論（學科）考試與實習技術（術科）考試。凡考試及格者授予職業證書。

五、職業教育應以就業為目的，如為配合部分希望升學的學生，另須加修一年大學先修課程。

六、職業學校設科與招生，應根據人力推算與就業市場之需求而定，以免人力過剩或不足。

七、革新教學方法，除知識傳授外，培養學生獨立工作能力，鼓勵參與課堂討論及主動學習之習慣。

八、改進考試方法，除筆試外，並加口試，由學校與工商界聯合委任公正無私人員擔任之。

九、為培養職校所需之師資，應設置職業教育學院，從專業課程、教育課程及工商企業界之實習三方面考慮改進。招考職業學校畢業生，施以四年公費之師範教育。

十、爲維持公私立畢業生齊一水準，應對學生入學及畢業訂定最低標準，各類學校之收費標準，亦依據其教學成本而加調整。

十一、上述改革，並非一蹴可幾，建議設置示範職業學校試辦，俟有成效再予推廣。

之後十年，政府積極推動革新方案，卻形成留美、留德兩派學者之間的較量，這兩派乃台灣技職教育體系中的兩大「學閥」，留美派以台北的台灣師範大學「工業教育」學系爲主體；留德則以彰化的國立台灣教育學院「職業教育」學系爲主體，兩派勢力相互傾軋，亦相繼發表論文，規畫一連串方案，如輪調式建教合作、階梯式教學法、能力本位教學、群集教育等，在沒有詳細評估之下，教育部便通令各級職業學校試辦，學校被搞得團團轉，種下技職教育災難的開端。

最令人扼腕的是一九八四年教育部強行推動留美派主張的「群集教育」，雖然許多工業職校校長反對，終究抵不住政府的政策推行，自此，台灣技職徹底瓦解。

以下羅列這十餘年間推動的技職教改方案（參閱表一）：

一九七一年，政府試辦「建教合作實驗班」。同年，試辦建教合作。
一九七一年，成立「台灣省立教育學院」（次年更名「國立台灣教育學院」，即今之國立彰化師範大學），設職業教育學系工廠師資組。
一九七一年，試辦階梯式教學（依西德專家建議）。
一九七三年九月，沙鹿高工姜吉甫校長率先實施「輪調式建教合作班」。
一九七三年，彰化教育學院職業教育學系工廠師資組招收高工或五專畢業生，培養工業職業教育師資（依西德專家建議）。
一九七四到一九七五年，修訂課程標準（依西德專家建議）。
一九七四年，推動技能檢定（依西德專家建議）。
一九七八年十二月，行政院通過「工職教育改進計畫」、教育部設「工職教育改進小組」。
一九八一年，積極推動能力本位教學。
一九八四年，實施群集教育課程（留美派建議），反對聲浪高漲，便分爲接受群集教育的甲案學校，及維持現狀的乙案，公東高工堅持學徒制屬乙案。

表一公東學徒制本土化VS. 教育部技職教育革新

項目	教育部（廳）推動的改革試驗方案	公東學徒制本土化自創的教學方案	備　註
1	階梯式教育：1971年三重商工試辦。實施「兩地三階段」階梯式教育，分基礎教育、專業教育及專職教育。	公東設計另類模式的階梯式教學。學校以實習工廠為中心，師生參與生產工作。學生技術訓練由「學習作品」進入「應用作品」，製作車床。實施「一地三階段」技術訓練。	1971年德國專家依台灣技職教育及工商企業文化背景，建議實施「兩地三段」階梯式教育。公東高工實施「一地三階段」階梯式技術訓練，自編教材教案、電化輔助教材，推動協同教學。
2	輪調式建教合作：1973年，政府實施輪調式建教合作（大班制），以學期（20週）為單位輪調一次。術科在校外企業工廠實施，學科在學校實施，即所謂的「兩地三階段」階梯。	公東獨創「交替式」教學小班制代替「輪調式建教合作」教學，以週為單位，每週輪調一次。學科及術科皆在校內實施，即所謂的「一地三階段」階梯。	1969年政府提試辦建教合作實驗班。 1973年9月沙鹿高工率先實施輪調式建教合作班。 1975年公東高工實施交替式教學。
3	能力本位教學法。	新創「多能工訓練教學」係公東模式的能力本位教學法；以多能功教學法提昇學生獨立工作能力與深化多項工業技能，裝備就業及未來發展。	1982年開始實施多能功教學。公東學生接受焊接、自動控制等課程；製作機械手臂（Robot）、氣油壓病床。
4	九年國教與教改。	為配合教改，培訓師資，規畫教材教案，深化學生工業技術知能。	規畫公東技術教育訓練架構，分學習項目及應用項目，學校企業化管理。
5	1984年實施群集教育。	建構公東另類模式的群集教育：「機械群」與「營建群」，合力製作公東車床、病床及各項產品。	教育部（廳）於1984年李煥教育部長全面實施群集教育，廣設大學，走向升學，是技職教育的一大災難。
6	技能檢定證照考試。	早在1962年，公東高工就倡議實施德國學徒制，並正式向教育部專員康代光、行政院經合會應瑞先生建議舉行技能檢定考試。	著者擔任木工職類技能檢定規範、訓練規範起草人、木工職類甲、乙、丙級技能檢定考試規範起草人、木工職類甲、乙、丙級命題委員及木工製圖CIS起草人。
7	參加國際性技能競賽。	實施公東高工家具木工科「菁英計畫」。	家具木工科學生參加全國國際性技能競賽，成效卓著。

2 回顧公東學徒制本土化的進程（一九七一——一九八九）

那十餘年間，教育部通令各級職業學校配合試辦各種政策，這段時期剛好是我和簡安祥先生擔任校長任內，爲了配合教育政策及台灣特殊條件，因此走上學徒制本土化的道路，使之更有適地性。

公東高工自一九六二年實施學徒制以來，非常重視實習課程，畢業生精湛的技術受到業界很大的肯定，多在職場上擔任中階以上的幹部。因爲一些校友經過數年工作之後，建議校方增加專業理論及通識課程的時數，公東從善如流，一九六八年便做了適度的調整，一方面參考校友的建議，同時受到瑞士週休二日政策的影響，將學科與工廠實習每週教學時數調整爲各二十小時，並取消晚間排課，機工科的修業年限亦由四年改爲三年，家具木工科則維持三年不變，以符合內政部勞工司法令，也是配合國際勞工組織政策的一項措施。學生人數則維持二十人的小班制。

到了一九六九年，公東增設建築製圖科一班，一九七〇年又增設機械製圖科一班。此時，公東發展到四個科的規模，可歸納成兩類群，即「機械類群」及「營建類群」，已然具備政府正要推動的「群集教育」雛形。在這變動的十餘年間，公東不曾隨著政府毫無配套與章法的政策朝令夕改，也不願像一般學校假藉教改而來的資源與機會，毫無目標的擴大招生，以增加學生人數。即使礙於法令不得不然，也要設計一套符合學徒制的體制因應，這是公東辦學向來的堅持。

那段劇烈變動的時期，從我赴瑞士、德國留學開始，到一九七六年我自德國歸來接掌公東高工校長，四年任內完成深化「學生技術水準」及「學校財務自立」等校務革新計畫，並提昇實習工廠生產力，使學校財務走向自給自足。

當時，公東實施學徒制已經超過十年，隨著工業技術日新月異，以及台灣特殊的環境，也到了讓歐洲學徒制本土化的時候了，首先要栽培本土的實習工廠師資，以取代外籍技藝教師，並培養公東的企業文化，同時堅守瑞士扎實的「工匠精神」。

一九八〇年二月我辭去公東校長職務，由簡安祥先生接任，同時我把「就業輔導處」改爲「技術輔導室」，並擔任該室主任，專心研究如何對應教育部的教改政策，以及將德瑞學徒制本土化的重責大任，同時用企業精神來帶領公東團隊，研發機工、木工產品，成就公東企業文化。

那幾年，雖然教育部及台灣省教育廳委請大學或學術機構以德國專家的建議爲本來研究革新方案，卻沒有學徒制的精髓，偏重學術論述，缺少嚴謹的實踐方法與配套措施。例如，技職教育投資相較於一般學校大，機械設備需汰舊換新，因此實習材料費相當可觀，但教改竟以減少實習經費爲主要考量，削減工廠實習時數，爾後實施去技術化的群集教育，更加錯失了年輕人學習技藝的最佳時機。公東高工不得不提出與官方版本相對應的方案，以堅定的腳步走出學徒制本土化的路徑。

教改之初：建教合作實驗班的盲點

一九七〇年代技職教育的改造首推輪調式建教合作班，此乃導因於一九六〇年代台灣面臨經濟轉型，國內工業基層人力嚴重短缺，加上一九六八年實施九年國教實施後，國中畢業生的就業與訓練問題浮上檯面，台灣的教育專家、學者便建議研擬「建教合作實驗班」，並由台灣省教育廳指定省立沙鹿高工試辦。

一九六九年九月，沙鹿高工江吉甫校長依據教育部頒布之「高級實用技藝學校及工業技術生訓練制度實施辦法」最先實施，與鄰近的東正鐵工廠及三光電機廠率先合作辦理「輪調式建教合作班」，學生每學年有一學期在沙鹿高工學校上學科，另一學期到工廠上術科。當年大部分公、私立高工仍然施行單位行業制教學，省立沙鹿高工搶先試辦建教合作班，該校江校長出盡鋒頭。當然，與企業界建教合作的思維已經比單位行業制度進步些。

這種方式有點像德國的學徒制（雙軌制），但沒有周詳配套措施，就貿然實施，以至於工廠不但沒有教學生技藝，還將學生當作廉價勞工，甚至有部分學校老師充當職業仲介，替業者介紹學生來抽佣，學生在工廠也得不到好的照顧，以至品格低落，回到學校上課經常與老師、同學發生衝突，讓許多老師聞之卻步，不願意擔任建教合作班的老師。

一九七一年受經合會及教育部之託來台的西德商業職業教育專家對沙鹿高工實施輪調式建教合作班的成果做了如下一些評論：

第一，要確立教育目標，因爲台灣現行的工業職校偏重升學，沙鹿高工建教合作實驗班不應再以升學與就業並重爲號召，必須以培養工業界所需的技術工人爲目標。

第二，建議加強技能基礎訓練，因爲初入學校的學生如果直接參與生產作業，工廠的場地與指導人員都很有限，未必能對學生提供良好的基礎訓練，所以西德專家建議職業教育應實施「階梯式」教育，第一年及第二年在學校接受有計畫的基礎及專業訓練，三年級才到企業參與生產線上的專職訓練，並在工作中隨時給予適當的技術指導。這是配合台灣技職教育體系所做的權宜之計。

第三，沙鹿高工輪調式建教合作實驗班的非專業學科增加，專業課程減少，這是不合理的，實習課程的時數雖然從一千八百小時增加到三千四百五十六小時，但是學科加術科的總時數卻從五四八〇增到六六〇四小時，每天上課八小時，每年上課五十週，這是從延長學期與增加每週上課時數而來實爲過多，應予

減少。（參考表二、表四）

兩位西德專家直指台灣技職學校的訓練僅為一般性的訓練，亦多為理論課程，缺乏制度化與合乎水準的實習訓練辦法，以致這些技職畢業生無法立即參與生產線上的工作。

學徒制本土化的起點：公東自創交替式教學

沙鹿高工試辦之後，教育部認為可行，要求各技職學校照辦，但是台東偏鄉的條件不同於西部，如果要把輪調式建教合作搬到台東來，會產生很多問題，因為台東居民大多以務農或捕漁為業，交通、教育、醫療衛生等設施及基本生活條件較西部落後，沒有較大規模可配合的企業，只能把學生送到西部的工廠，一學期離鄉背井上「術科」，一學期回到學校上學科。

所以公東高工決定學生仍然在學校的實習工廠上術科。為了堅持小班制所面臨的學校財務問題，在沒有任何資源援助下，我只好把公東實習工廠當成一家企業來經營，絞盡腦汁研發許多產品讓學生在實習課生產製造。

表二單位行業與輪調式建教合作教時數列表如下（單位：三年教學總時數）

單位行業				輪調式建教合作		
科目				科目		
普通科目		相關科目		普通科目		相關科目
三民主義	240	專業課程	280	三民主義	66	相關知識
公民	240	製　圖	120	公民	100	工程材料
公民訓練				公民訓練		機械概論
國文	480			國文	504	電工大意
英文	240			英文	288	機械製圖
數學	360			數學	432	工廠服務
物理	240			物理	96	
化學	240			化學	52	
軍訓	240			軍訓	216	
體育	120			體育	72	
輔導活動				輔導活動	360	
小計	2400			小計	2,186	小計
普通課程		2,400（44.5%）		普通課程		2,186（50.8%）
相關課程		1,200（22.2%）		相關課程		962（22.4%）
工廠實習（在學校實習工廠）		1,800（33.3%）		工廠實習（在學校實習工廠）		3,456（26.8%）
合計		5,400小時		合計		6,604小時

表三歐式學徒制、公東交替式學徒制、政府輪調式建教合作比較

德國、瑞士學徒制	公東本土化學徒制（交替式）	教育部輪調式建教合作班
1 教育目標清楚，以就業為主，從事工業生產。 2 嚴謹的教材教法。 3 完善訓練及考試規範。 4 由合格專業師資於企業生產現場指導。 5 按德國、瑞士學徒制（雙軌制）每學年以38週，每週以40小時計，每學 年教學時數為1520小時，3年共計4560小時。其中每年38週，每週13小時在職業學校上學科，三年間學科共1482小時（佔32%），則其餘時間在工廠實習達3078小時（佔68%）。術科與學科比為2:1強。	1 公東學徒制朝本土化發展，機工科技術訓練以製作車床或病床為教學題材，教育目標定調以就業為主，教育與教學目標均清楚。 2 有嚴謹的自編教材及教學法，以提高學習效果。 3 設計實施多能工技術訓練，學生技術水準提升到自動化的位階。 4 由合格專業師資指導。 5 每學年以40週計算，每週44小時，三年共授課總5280小時，其中一半2640小時在課堂，一半2640小時在實習工廠，術科與學科比為1:1。	1 以上課總時數6600小時來推估，係與學期之延長及每週上課時數之增加而來（44*50*3=6600小時）。 2 每年上課50週，實為過多，應予減少。 3 3年6600小時，每年上2200小時，即2200/50，則每週上44小時。若在工廠每天工作8小時計，則每週工作5.5天。尚合乎當時生產工廠小週末的規定。 4 每半年輪調一次，此週期似乎過長，在工廠若有超時工作或夜間加班等情事，學校無法掌控。 5 在工廠是否有嚴謹的教學計畫？現行的輪調式建教合作是否讓學生淪為廉價勞工？為社會所詬病。是否有不肖的學校教職員從事類似介紹所並從中抽取傭金的不法行為？以上都值得探討。

表四歐式學徒制、公東交替式學徒制、政府輪調式建教合作比較分析表

模 式	技能訓練場所	學科授課場所	教學總時數	輪調週期	實作與學科比	專業與普通課程比例	備 註
	時 數（小時）	時 數（小時）					
歐 式 學徒制	工商企業工廠	學校	4560	1週	68%	32%	
	27×38×3 ＝3078	13×38×3 ＝1482					
公 東 本土化 學徒制	學校實習工場	學校	5280	1週	50%	50%	
	44＊20＊3 ＝2640	44＊20＊3 ＝2640					
輪調式 建教合作	工商企業工廠	學校	6604	25週	52.3%	47.7%	時數參考上表
	3456	3148					

註＊
1單位行業教學時數由公東高工學籍簿推算而來
2輪調式建教合作班教學時數由行政院國際經濟委員會人力發展工作小組編印之《人力發展叢書》第三十五輯

然而，在生產過程中因時間不足，學生常需將尚未完成的零件從機台卸下，換給其他同學使用，等到下次輪到自己使用再裝上，這樣卸下、裝上非但浪費時間，還要重新調機，影響零件加工的精密度。爲解決這棘手問題，公東高工自創獨一無二的「交替式教學」，替代教育部的「輪調式建教合作」。我把一班分A、B兩組，一組在教室上學科，另一組則在實習工廠上術科，一週交替一次，好讓學生一口氣把零件加工完成，就可避免因裝、卸而影響精密度。如此一來，教師鐘點費也必須雙倍付出，但白冷會爲了培養優秀技術人才，這些付出亦在所不惜。

交替式教學須要設計許多配套措施來支援，以機工科爲例，有以下幾項工作必須完成：

一、成立組織策畫小組：培養學生自我學習及獨立工作的能力，自編教材。

二、機工科教學目標：培養基層工業技術人力爲目的，凡與機工行業不相干的課程，如升學必考的三角、幾何、代數，均改成與機工行業相關的行業計算。國文改授應用文，例如公函、訂貨信、合同等。

三、訂定機工科學生技術水準：有獨立製造公東KT-4車床和病床的技術。

四、導入教學理念：學生的技術可從作品表現出來，在實習工廠需訂定學習項目，先練習病床及體育器材等學習作品，通過評量後再製作以KT-4車床爲主的應用作品，依序加深技能水準的教學。這就是所謂公東模式的「階梯式教學」或「能力本位」的概念。

五、導入群集教育的概念：無論學習作品或應用作品，所需的零件圖、木模圖，都先由機械製圖科的學生繪製工作圖後，再提供機工科學生加工製作，如果是病床的床板條或床頭板，則由木工科學生製作，完成後再給機工科學生加以組合完成。換言之，這些車床及病床是由機械群（機工科及機械製圖科）及營建群（木工科等）通力合作所完成的，這種跨兩學群的實習流程才是眞正的「群集教育」。

六、導入能力本位的教學理念：要達成階梯式教學的實際效果，教師必須先把病床及車床分解，並把分解的每個零件作件加以分析、歸類，再依零件難易程度分類，並決定哪些零件適合一、二、三各年級學習，以此列成學習作品表。然後還要分析零件加工步驟、加工方法、使用的機械設備及工具，再依此分配給學生製作。老師在實習工廠除了教學之外，還扮演評量及品管的角色。

那個時候，公東的教師藉由實施交替式教學而發展出各種公東模式的教學法之外，還必須自編教材教案，製作幻燈片，編寫各式機械操作旁白及錄音等，以輔助學生學習，來強化教學效果。

記得一九七五年公東剛實施交替式教學時，當時省教育廳對公東高工不按照專家學者所規畫的「輪調式」建教合作，另搞一套「交替式」極爲不諒解，特別是由省立台中高工校長轉任省教育廳第三科科長最有意見。

一九七八年，我隨第二十屆國際技能競賽國家代表團赴漢城（即今日首爾）時，他以官方觀察員身分同赴韓國，我們在漢城機場曾爲此有過一段激烈爭辯，他認爲早上頭腦較清醒，最好安排上學科，下午再讓學生進工廠上實習課，但以我的教學經驗未必如此，公東還是堅持「交替式」教學。

歐洲學徒制的精髓在於「小班制」及「產官學」，共同栽培維繫國家競爭力的基層工業人力。公東高工爲了要營造德瑞學徒制的學習環境，才設計了交替式教學，仍然維持小班制，一週輪調一次。不同的是，歐洲學徒制的學生技能養成在各企業工廠實施，專業理論與一般課程則在學校實施。至於公東的交替式，是把學校的實習工廠當成企業的工廠。因此，公東高工的實習工廠扮演著企業工廠的角色，這是學徒制本土化的一項創新。

●水土不服的西德階梯式教學

一九七〇年代初期，行政院國際經濟合作發展委員會及教育部爲了技職教育的改革，尤其針對學制、課程、設備、師資、升學與就業等問題，分別邀請西德教育專家費新博士（Pro.Dr.J.A.Wissing）、西德商業職業教育專家費雷肯史坦，以及工業職業教育專家文漢思工程師來台協助職業教育的改革，並在現行公私立工職教育體制下提出類似西德的階梯式教育，分兩階段實施。

第一學年的「基礎教育」與第二學年的「專業教育」屬第一階段，都在學校實施。第三學年爲「專職教育」屬第二階段，才讓學生在校外參與企業的工廠生產作業，以學習實用技術。這樣的設計或許讓台灣技職教育體制多少符合德國產官學合作的基本精神。

階梯式教學是德國工業職業教育學徒制的一種，這是戰後德國工業界爲因應員工轉換工作的次數激增，工業生產技術變動快速，而於一九六二年提倡的教學法，又稱爲分段式教學法，分爲以核心課程爲主的初級專職訓練，以性向與志向爲主的進階專職訓練，以及著重於技術專精的高階專職訓練，依序分如上三個階段實施，先廣後專，由專而精。每一階段的訓練均可各自獨立，也能前後銜接。

初級專職訓練可將同一行業或類群的學徒一起送進學校，在學校集中實施學科教學之後經過考試合格者，便可依個別性向與志向選擇第二階段的專職訓練。在初級訓練過程中，學徒可以有較多時間及機會嘗試或選擇適合自已的行業，即使之後想轉換工作，亦僅需接受進階訓練，不從頭學起。

自一九八三年起，西德的建築、電機、電子、機械、紡織等行業，普遍均採用此種階梯式教學，大概包含七十四種職業類別。一九七一年，依范海波教授的建議，政府成立了省立三重商工職校，以試驗西德專家所建議的階梯式教學，將一年級的「基礎教學」及二年級「專業教育」安排在學校實施，三年級的「專職教育」則在校外以建教合作方式實施，期能利用企業的資源來減少政府教育經費的負擔。

當時，三重商工在工科方面設有機工、模具、汽車修護、電焊等四科，商科則有國際貿易、儲運事務、會計事務等三科。然而，這一校兩類別、七科的試驗，未能顯現階梯式教學的特色，原因如下：

一、單位行業訓練在教學的實質及精神尚未釐清，導致以升學爲主、就業爲副的單位行業教育目標未能改變過來。

二、台灣企業文化及企業家的觀念與德國不同，企業負起栽培技術人才的責任尚未建立之前，不宜貿然在校外生產工廠實施第三階段的專職訓練。

三、除了技職學校教師的觀念尚未轉變外，尚缺教師自編的一套嚴謹的教材教案。

四、政府對技藝教師許多不合理的規定及限制尚未鬆綁。

公東模式的階梯式教學

依據德國專家爲台灣技職教育量身訂做的「兩地三階段」階梯式教學的概念，公東也自創「一地三階段」的階梯式教學。台灣的技職訓練是學生主動到學校就讀，接受一系列的訓練，再進入就業市場；德瑞學徒制剛好相反，是學徒先進入企業，跟著師傅接受三年初級專職的技術訓練，同時由企業將相同職業類群的學徒送到學校，授與三年的學科核心課程，經過包含口試的考試，合格就可取得初級專職技術職業證照。由於學科在學校實施，術科在各企業工作現場實施，所以德瑞學徒制又稱雙軌制。

具初級專職證照的基層技術人力，日間可繼續在工廠工作，夜間可到專校修習中階及進階專職課程。以木工類群爲例，可專攻木工行業有關的進階課程，如木工機械特殊操作、家具設計、木工專業製圖、建築木工、門窗木工、木材銷售等，使專職技術更加專精。

在工廠工作期滿三年，取得三年實務工作經驗者，始得再進一步至師傅學校接受高階專職技術教育，學成通過考試取得師傅資格始得招收學徒。這就是「兩地三階段」階梯式技職教育，各個擁有精湛扎實的技術，難怪德國能成為國家競爭力充沛的工業強國。

反觀台灣三年高職的階梯式教學，只利用三年級一年的時間安排到企業工作現場，接受基層工業技術人力養成的初級專職教育，與德國花三年時間培養「初級專職」人力，實在差太多。

再者，台灣的技職教育偏重升學，這已偏離白冷會設立公東高工的宗旨，加上台灣的企業沒有自己栽培技術人力的觀念，所以我決定乾脆把學校當成一個企業體，用經營企業的精神及理念來辦學，以營造德瑞學徒制的學習環境。經過一番評估及思考，我設計一套公東獨一無二的小班制交替式教學，讓學生的學科及術科都在校內實施，來完成基礎、專業及專職三階段階梯式教育，讓德瑞學徒制在台灣本土化。

我們起先只想設計一套教學法來應付教育部提出的「輪調式建教合作班」，由這樣單純的動機開始，設計交替式教學，以及後續的「階梯式」「能力本位」及「群集教育」。公東高工自創的這一套獨樹一格之教學法，確在台灣技職教育史上留下空前絕後的記錄，我深深以此感到驕傲。

在此，我將從公東的交替式教學開始，如何一步步推動技職教育的改造公諸於世，供教育先進參考。

一、確立「教育」目標：公東高工自一九六二年改制採瑞士學徒制以來，教育目標很清楚定位爲就業爲主，栽培學生成爲基層工業技術專才，因此盡量安排就業導向的實用課程，減少與行業無關的學科。

二、訂定「教學」目標：以機工科爲例，首先要列出各年級的學習項目及學習作品，以製作病床或體育器材等零件。應用作品以製作自行研發的立式「KT4車床」零件爲主。再者，避免爲練習而練習的通病，學生在學習單元練習完成後，馬上應用做學習作品，通過教師評量後，最後分配製作應用作品，指導學生完成更精密、複雜的KT-4車床零件，以此深化技術層級。

三、組織教材教案編輯小組：依實習工廠現有的機械設備，訂定各年級學科及術科教學大綱，自編機械操作手冊、製作電化補助教學教案。

四、學校以工廠爲中心：公東一切教學活動均以實習教學爲中心，故教務、訓導及總務等各處全力配合來支持實習工廠。這一點與一般學校以教務處為中心不同。

五、教室與工廠結合：為達成專業課程的理論（Theorie）學科與工廠的實務（Praxis Arbeit）操作相結合，凡專業課程均由實習工廠的技藝教師來擔任，依照既定的工作目標讓學生學到扎實的技能，經研擬學習課程綱要，自編教材教案，一層一層加深學生的工業技能。換言之，依德國專家的建議，學科與術科要以學年為單位，從基礎教育開始、完成專業及專職教育，使學生在三年中達成「初級專職」的教育目標。

這三階段教育均在本校實施，以此替代教育部推行的輪調式建教合作。這就是所謂的公東模式「一地三階段」階梯交替式教學。

六、以應用作品驗收成果：學生在實習工廠依進度學完學習項目後立刻進入學習作品之製作，學習作品都是病床或體育器材與簡易的車床（桌上型車床）零件。這些零件經老師評量，也就是品管後，將各年級品管合格的學習作品組裝成桌上型車床、病床或體育器材。為加深學生技術的熟練度，並依學生個別差異分配應用作品，經技藝教師完成各年級的應用作品的評量之後，即可組裝KT-4車床。老師以實體作爲教學題材，學生從工作中學習技術，再安排學生接受自動控制及焊接技術等課程，以達成技術教育的目標。這是所謂的公東模式的能力本位及多能工教學。

七、群集教育教改的具體實踐：機工科與機械製圖科成爲一個行業群體，車床、病床或體育器材零件的工作圖，皆由機械製圖科學生繪製，再提供機工科學生製作。至於病床木質部分，如床頭板及床板條等交由木工科製作，KT4車床翻砂用的木模亦交由木工科製作。所以，一件作品其實是由機械與營建兩個行業群體共同合作完成的。這就是實踐群集教育的具體案例。（參考公東高工機工科實用技能訓練計畫）

公東機械群團隊經過反覆研討，方做出屬於機工科表，再依據工廠現有的機械設備，工作時數以及工廠容納人數等資料，設計相關表格，如機工科技能訓練機械配備表、機工實習分配表（每班級每學期變動一次）、機工科訓練項目時數分配及人數表，如此就可開始依照SOP推動。我曾獲得德國基金會獎學金赴德

公東高工機工科實用技能訓練計畫

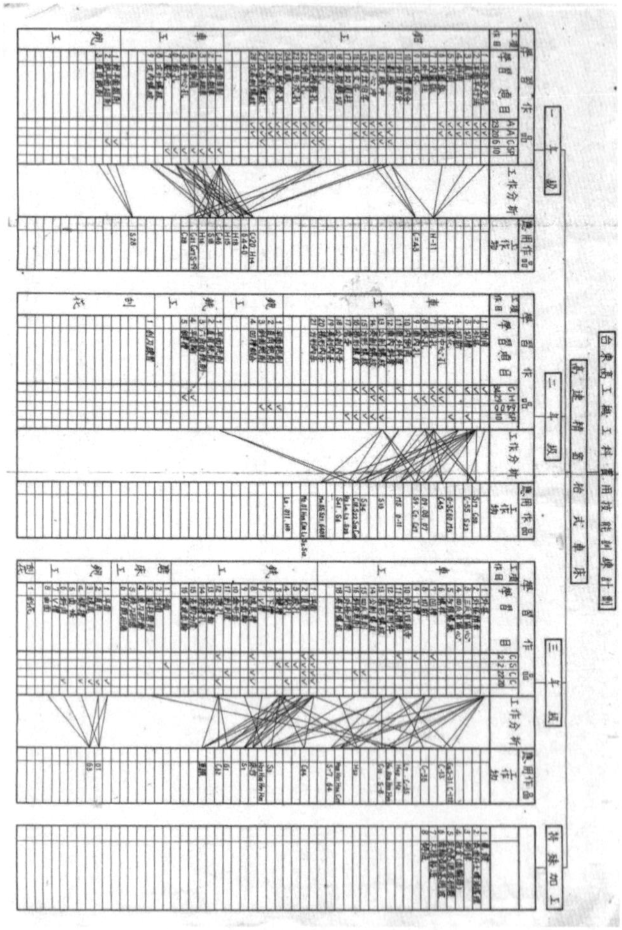

國研習該國學徒制，他們對公東高工如何在「教學」與「生產」之間取得平衡最感興趣。我在參訪該國技職學校並與該國教師交流、分享教學經驗時，在這方面也受到高度的肯定與重視。

公東創新的能力本位教學法

一九八二年，教育部又通令各高職學校實施「能力本位教學」，我亦曾出席師大工教系舉辦的說明會。能力本位教學起源於一九六七年，由美國聯邦教育署研究局推動，特別是技職學校，培養學生達到「預定能力」的教育方式。在教學過程中強調學生的「個別差異」，使每一位學生非但能達到預先設定的能力標準，且能加強學生發展「未來潛力」。當年國內由技職教育學者康自立教授等人倡議這種教學方式。

能力本位教學的課程設計有一定的步驟，首先課程目標必須明確，我和學校老師通力合作，將課程做了一番檢整，以因應教育部的要求。首先設計一套足以證明其能力的評量表，以便考察學生是否達到預期的教育目標或預定的能力。再來檢測教育環境、學生的學習型態及個別差異，然後設計教學活動。

從公東高工實用技能訓練計畫表中可以很清楚預見學生在學徒制的教育訓練下，具備製造公東高工開發的KT-4車床、病床及體育器材等產品之製作生產的能力。從該表中亦可看出，從一年級到三年級爲學生制訂的學習項目、學習作品及應用作品，即各年級之預定能力目標

我們會提供每位學生一塊材料及數張預先設計好的零件圖，讓學生依零件圖上所標示的尺寸、精度符號、形狀等，盡量在這一塊材料上練習學習項目，此爲單元練習。

學生練習每個學習項目或單元時，都經過老師指導、評量，再視學生的工作能力，分配應用作品。能力強的學生分配到難度較高的應用作品，能力較差的學生分配到難度較低的應用作品。每位學生都能依其個別能力差異，完成一件或多件應用作品，針對個別差異的教學，也就是因材施教，以達成適性揚才的教育目標。

各年級學生經過學習項目的單元操作，完成應用作品的練習，進入KT-4車

床零件的製作階段，這時技術已經達到純熟的程度，老師只在旁指點即可。若有疑難，可借重電化補助教材的幻燈片及說明自行複習，以養成「獨立工作能力」及「自己學習」的習慣。

公東高工機械群的機工科、機械製圖科，以及營建群之家具木工科學生都需要接受「自動控制」課程，機工科學生亦須接受「焊接」課程。學生可從公東設計製造的病床及KT-4車床等多項工業產品中，進行「多能工訓練」，非但可以達到所設定的「現今預期」目標，也加強學生具備發展「未來潛力」的能力，以開拓學生更寬廣的就業能力。這就是公東學徒制本土化新創的「能力本位」教學。

公東的多能工教學，讓技術更上層樓

一九七四年，我在德國斯圖加特研習德國學徒制時，有機會於德國南部木工大學修習自動控制技術。雖然時間不長，但在腦海裡已經種下自動控制技術的概念。

回國後打聽到新竹縣有一所西班牙神父所創辦的「天主教私立內思高級工業職業學校」，從德國進口一套德國Festo公司出產的自動控制教學用教具。我在德國雜誌上看過，也在德國海諾威國際木工機械看到實物，是我夢寐以求的教具，於是帶領公東機工科徐明華、曾明坤、劉志鑫、林善群等多位老師前往參觀。

回到學校之後，在技術輔導室領導的研發團隊通力合作之下，機械群與營建群一起設計電磁閥迴路、氣壓捧等元件，製作可與德國 Festo 名廠媲美的教具，其後眞的成功自製一部氣壓自動控制教學板，旋即又設計並自製一套油壓自動控制教學板。

從氣壓與油壓教學板出發，我們又開發了油壓病床及機械手臂。在沒有電腦的時代，公東高工用電磁閥等元件製作出機械手臂，堪稱公東高工機械群的一項驕傲。

我認爲工業技術日新月異，自動化與數位控制的時代將至，公東高工的技術教育也要不斷往前推進，始能趕上時代的進步。因此，公東開了自動控制的課程，讓機工科、機械製圖科及家具木工科學生有機會接受自動控制訓練。

油壓及氣壓教具只有一套，經過討論，一位學生只能安排八小時使用自動控制教具來學習自動控制，雖然學習時間不長，但極其珍貴。我敢說，在那個年代全國高工職校只有公東高工開這門課，公東的學生實在很有福氣。

我們編排了一張如大字報的自動控制上課時間總表，安排機工科、機械製圖科及家具木工科三個科的學生，在上工廠實習、製圖、機工學或木工學等課時，讓學生依照總表排定的時間主動離席去上自動控制課。

除自動控制課程外，我們也安排機工科學生到焊接工廠接受電焊及氣焊訓練，讓他們將來有更寬廣的就業能力及機會，使每一位學生接受這種訓練後，非但能達到「現今」所設定的預期目標，也得以具備並擴展「未來」就業的潛力，這就是公東高工獨一無二的「多能工」技術教育。

某天，教育廳督學來學校抽查課表，發現公東高工課表竟然開了自動控制的課程，對公東高工沒有按教育部的課程標準，即今之課綱排課至表不滿。這位督學對我說，自動控制是逢甲大學機械系學生所上的課，怎麼你們排這種課呀！

我帶他到焊接工廠參觀，讓他看看機工科學生正在學習焊接技術及學習自動控制的情形，也讓他看看公東高工所研發的三節四個動作的油壓及氣壓病床、學生製作的體育器材及機械手臂。這位督學對學生能製作這樣多的產品感到非常驚訝，讚不絕口。

我告訴這位長官，自動控制技術是當今工業技術發展的趨勢，德國工業職校學生都擁有自動控制的技術。台灣政府也已經輔導成立「中國生產力中心」協助民間中小企業工業技術的升級了，中國生產力中心的首要任務就是輔導民間中小企業自動化，提升中小企業生產效率及國家競爭力。公東高工只是適應時代趨勢，但是免費教學，沒有巧立名目向學生收取任何費用。教育部所頒的課程標準是最低標準，學校已經做到超過標準以上，應該受到獎勵才對呢！

讓升學主義復活的群集教育政策

一九八四年，教育部實施群集教育課程之前，曾分北、中、南三區召開「技職群集教育」說明會，由一些留美的歸國學人主講，將實施多年的高工職學校的「科別」整併為「群別」，由原本的八大類，七十科簡化，整併成十七科。

高級工業職校從此不再出現如機工科、電子科、家具木工科或建築製圖科之類的「單一科別」。取而代之的是機械群、土木群、化工群、動力機械群、電機電子群、設計類群等七大類「群別」。

這麼一來又走回到戰後五、六〇年代高工及大專院校的科系了，群集教育只是換了新名詞的玩意兒而已。最令人反對的不是它的名稱，而是赤裸裸地剝奪學生工廠實習節數與學習技術的權益，每週只剩四至六小時，讓升學主義掛帥的教育本質復活，基層技術人力的栽培再度流於虛設。

記得我曾參加南區說明會時，主講人是一位台大工學院院長，他拍胸膛保證群集教育的好處。我當場向他提出嚴重抗議：「你到底能保證什麼？教育事業是百年大計，工業是國家發展經濟的基石。十年、二十年後，有朝一日台灣職業教育崩盤了，年輕學子學不到一技之長，國家沒有工業基層技術人力，這時國家也就要亡了，那時你已經作古了，你能保證什麼？」

不僅我反對，群集教育也受到許多職校校長的反對，所以後來才分爲甲、乙兩案並陳，甲案接受群集教育，乙案維持現狀，以暫時安撫反對的聲浪。我代表公東高工堅決反對甲案，採乙案維持公東所堅持的學徒制，因爲我認爲公東高工的學徒制已經涵蓋群集教育、能力本位教育、輪調式建教合作等教育部推行過的教改方案，我也認爲大可不必理會一大堆不務實的教改新方案。

群集（Clusers）一詞係指將一群具有相同性質或類似的職業或行業，歸納成一群或一類。德國的技職學校大都是單一類群，一校頂多兩種，最多不會超過三個類群。如以營建群爲主的學校，所設的科別均與營建群相關的科別，如建築工、泥水工、砌磚工、油漆工、配管工等。木材工業群所設立的科別也都和木材技術有關，如家具（細）木工、門窗木工、大（建築）木工、製材工等。學校校長、老師都是具備這一類群專長的技術人才。

每一類群的課程設計皆由基礎的「核心課程」開始學習，再依學生興趣一層層增加課程的專業性，造就這一類群學有專精的技術人才。反觀台灣，一所技職學校常設有多種類群、幾十個科別，而且公立職校校長都是經過校長甄試而來，只要具備行政資歷，校長任用考試及格，就可擔任校長，所以大部分都不具備技職方面的專長。

全面實施群集教育的結果，讓技職教育體系再度倒退到五〇年代以升學爲主的體制，將過去辛苦建立起來的「勞工神聖」的觀念，以及普通高中與職業學校三比七的學生數比率的教育體制毀於一旦，種下今日基層工業技術人力不足的慘況。

●配套完整：公東模式的群集教育

其實，公東才是實施「群集教育」的典範。公東高工從一九六〇年建校以來，一直到一九六九年秋的九年後才增設建築製圖科一班，一九七〇年秋再增設機械製圖科一班，都是經過深思熟慮才設立，且增設的科別只限於工科。因爲公東自始至終堅守德國、瑞士精銳的學徒制，不盲目增設類科來擴充學校規模。

一九八四年政府推動群集教育之前，我敢說公東高工早就實施群集教育了，機工科與機械製圖科構成「機械類群」，家具木工科與建築製圖科形成「營建類群」，與教育部的版本大大不同。

公東推動群集教育其目標很明確，因爲機械群的機械製圖科學生所繪製的車床及病床的零件圖及裝配圖，是提供給機工科學生在實習工廠生產成品用的，而且這些產品得以與企業所生產的產品競爭，技術水準之高可見一般。

想要達到這個目標，需事先有完善的規畫，必先設計一套嚴謹的教材教案，並輔以電化輔助教材。如前所述，整個教學過程都是非常嚴謹的，這就是自創的公東模式群集教育。因此，我們不理會官方教改，堅持走自己的路，以建構別於官方版本的群集教育！

獨創特色：公東的協同式與分段式教學

除了上述因應大環境的調整改進之外，公東的教學還有獨創的另一大特色，那就是「協同式」與「分段式」教學。

協同式教學是由多位教師依其各別專長來共同負責擔任一門「專業學程」，這樣的教學方式是爲了配合學生在實習工廠上術科的學科教學。

分段式教學則是「現學現用」，學生需要在實習工廠上術科時應用，才會安排上某種課程，讓學生分段學習，現學現用，就不會學了就忘，以達到良好的學習效果，其目的亦是配合實習工廠的一種教學措施。

有人會說，沒有人對協同式及分段式教學下這樣的定義，在教育理論上沒有所謂的現學現用，用時才教的分段式教學理論，這是會貽笑大方的。我不是教育理論學者，亦不是專家。但從經驗法則我認爲用這樣的方法可幫助學生得到良好的學習效果。

分段式教學與階梯式教學基本上是相似的，不同的是，階梯式教學是針對術科，分段式教學是針對學科，兩者的共同點均爲配合工廠實習而設計。例如機工科的專業課程「金屬材料學」這門課，依照當時教育部單位行業制的課程標準是安排在一年級上學期，但課程內容屬於化學領域中，與金屬性質、成分及合金有關，這樣抽象的課程對剛從國中畢業的學生而言是很難懂的，如果老師照本宣科，依教學進度在一年級上學期授課，學生到了二、三年級要用時，早忘得一乾二淨。

如果改採分段式教學，依學生的領悟力循序漸進加深其難度，就能收到學以致用的效果。例如機工科工廠實習設定總目標爲生產 KT-4 車床，依據機械製圖科學生所繪製的加工圖，一年級的學科安排術科用得到的課程，如鉗工、小鑽床、小鉋床、桌上型車床等，上術科時就可現學現用。如此依序，二、三年級亦安排當年級才用到的專業課程，便能將學科與實習術科兩相配合，所以公東的專業課程老師都要自編教材以配合實習工廠。

再者，專業課程以協同教學的方式實施，例如家具木工科的「木工學」或機工科的「機工學」，不一定從頭到尾由一位老師授課，而是由數位老師共同依各別專長來教授同一門課，好處在於學生可以學習到每位老師最專業的部份。

3 公東是這樣培養師資的

從一九七四年最後一位外籍技師返回瑞士之後，公東高工實習工廠的技藝教師後來都是學校自己培養的，我們選拔優秀的畢業校友留校，先在實習工廠擔任外籍技藝教師的助手，也就是導工，接受長年培訓，累積五年教學經驗，再以「無試驗檢定」方式取得技藝教師資格。

公東技職教育走出本土化學徒制的路線，在台灣獨樹一格，和教育部一路從單位行業到十年教改的紛亂，最後終結於群集教育的制度大不相同，想在公東擔任教職的老師需要自編教材，跟著學校制定的方針來教學，沒辦法像其他學校的老師拿著課本照本宣科，所以，公東老師各個多才多藝，術科老師甚至擁有三頭六臂的本事。

這樣培養出來的技藝教師實力扎實，平時要在實習工廠負責實習課的教學，還要參與生產作業，也要開卡車送貨，這種工作能力與工作精神亦是一般學校老師做不到的。再者，爲了使公東走向自給自足的目標，實習工廠的機械設備必須充分利用，所以技藝教師和導工沒有寒暑假。但學校訂有輪休制度，排定班表來輪休，只有農曆新年期間按政府規定公休五天，過完年後就和一般行業一樣開工大吉。

公東實習工廠的技藝老師曾對我說：「我們工作得很辛苦，但不痛苦！」很辛苦，但不痛苦，這就是公東的學校企業文化，也是公東傳統的工作精神。爲何公東做得到？主要還是公東老師受到錫神父的精神感召，每個人都以身做則，以身教、言教並重來做學生的表率。

公東另一項與一般學校不同的，就是公東的「工廠制度」。這是特別爲實習工廠的技藝老師制訂的一套「核薪辦法」與「利潤分配制度」。在教育部規定的核薪標準中，兩堂術科課程只能折成一堂課，也就是說，學科老師上一堂課的鐘點費可以抵過術科老師兩堂課，充滿對術科實習老師的歧視與偏見，公東不可能隨之起舞，另訂一套核薪辦法。

當一位優秀的公東畢業生接受校方邀請留校擔任導工，在他服完三年兵役之前，其工作能力及經驗均稍嫌不足，尚待磨練，所以每年進級調薪的幅度不高。服完兵役，累積五年教學經驗，並以「無試驗檢定」方式取得正式工廠技藝教師資格，到五十歲之間是一個人的能力最強的階段，不論工作能力、經驗及體力均達高峰，故調薪的幅度很大。不過，五十歲之後腦力、體力、工作效率均漸漸衰退，此時到退休前，調薪幅度則趨緩。

因爲實習工廠有接單生產產品，所以另有分紅的制度，由實習工廠的主任分配，通常技藝教師及導工可以分紅，所以技藝教師的薪水通常比學科老師還要高一些，至於學生的分紅就直接撥給班級充當班費，舉凡平日的雜費，或旅行、郊遊都從班費支出。

有分紅就牽涉到成本、績效，學生自然而然會珍惜物資，例如拿剩下的小木片來做小飾品、小板凳，使物盡其用，讓分紅增加，成本也就得以降低，這些制度都是經過精心設計的。公東高工還會在寒暑假期間派技藝教師前往西部工廠參與生產線上的工作，以便累積更多實務經驗，或送往國外進修。如此積極用心栽培實習工廠教師，無非是爲學徒制在地化早做準備。

公東家具木工科的菁英計畫培育生力軍

我於一九六〇年任職公東高工開始，就一直擔任家具木工科導師，當時就讀木工科的學生來自全台各地，甚至有金門、台北來的學生，其中不乏經濟弱勢卻資質聰明的學生，苦於考不上大專，所以我們研擬了家具木工科的「菁英計畫」，也就是以導工的名義留任優秀畢業生，協助實習工廠的教學，來取代外籍技藝教師，這是學徒制本土化極為重要的工作，也是養成初級及中級木工專職技術人力的重要手段，以期在國際技能競賽中得獎，藉此提高公東高工知名度。

這些留校導工必須協助技藝教師教學，有點像助教的工作，還須負責生產學校對外所承攬的業務，例如一些學校的課桌椅、醫院的病床等等，至於客戶大多慕名而來，學校不需主動對外洽談業務。

所承攬的工作如果適合學生習作，就由學生生產，若不適合則交由導工完成。簡言之，導工肩負著改善學校財務的任務。因此，導工有許多實作的機會，只要技術精良就有被指派代表學校參加全國及國際技能競賽的機會，獲獎則可保送大專繼續深造，也讓菁英計畫有了成功的果實。所以他們既為公東高工爭取榮譽，也爲自己爭取機會。

至於木工科學生則在畢業前大多已取得乙級或丙級技術士證照，技藝老師則須通過甲級技術士考試，師生的技藝都達一定的水準，所以每年畢業生舉行的畢業展都吸引很多觀衆，讓畢業展成爲公東的一項傳統。

對抗僵化的教育體制

前陣子我在學期中帶小孫子出國，老師竟然規定學生出國要寫作業，而不是要求學生在旅途中好好觀察、體驗，這眞是一件非常荒謬的事，也體現出台灣教育制度底下行塑出來的教師思考僵化，教學僵化，這樣只會掐住小孩的創造力，限制學生未來的發展，實在可悲。

我在公東任教的時候就一直跟這種僵化的政策相抗衡，在校長任內取消了一些不合理的規定，例如盡量以寫報告代替學期中的三次月考，爲了鼓勵學生利用寒暑假到相關企業裡實習，公東也沒有寒暑假作業，不讓考試、作業來嵌制學生的學習取向及計畫。我也取消了降旗典禮，在當時黨國體制底下是很敏感的。

在教學排課上，當時教育部規定術科老師不能擔任學科的教學，但學科老師通常沒有實務經驗，無法勝任術科的教學，學科、術科由不同老師授課的結果，造成實習課與理論課脫節。所以我在公東擔任校長期間，不理會教育部的規定，凡是專業科目的教學一律由公東培養出來的工廠技藝教師來擔任，這樣學生在理論課所繪製的工作圖，可以利用實習課在工廠製成作品，學習得以一貫。

記得一九七一年九月我自瑞士回國時，正好李先達校長準備為家具木工科第一屆畢業生黃國、林榮貴申請無試驗檢定的技藝教師合格證書。兩人檢齊證件，學校備文函請台東縣政府教育局轉呈台灣省教育廳，卻被教育局主辦人拒絕，並原件退回。李神父敢怒不敢言，致使這兩位老師倍感灰心與失望。

公東實習工廠的本土師資是從畢業校友嚴選出來，和外籍老師一起在實習工廠工作，經過長年培訓，一方面學習工業技能，參與學校的生產作業，一方面累積五年教學經驗，寒暑假還會指派到企業實習，方得以「無試驗檢定」取得正式技藝教師資格。個個都是經過千錘百鍊、經驗豐富的良師。

所以我對此事高度不滿，挺身出面找上教育局長交涉。他卻說：「公東高工都是黑市教師，哪有高工畢業教高工的？」這句話把我惹怒了，搬出「無試驗檢定辦法」請他參考，第五條明文規定：高工畢業有五年教學經驗，持有證明文件者，可申請技藝教師。

局長是留美學者，專攻特殊教育。我對他說：「局長，你是甫自美國留學回來的一位人所敬重的『歸國學人』，我雖然不是什麼學者，但我也剛從瑞士留學歸國，你我都算青年知識分子吧，但不要咬文嚼字了，請看白紙寫黑字的『無試驗檢定辦法』的條文吧！」

他面子掛不住，惱羞成怒後堅持不予代轉。我們在局長室互相對抗，後來鬧到縣長室。我要求縣長主持公道，並對他說：「台東縣政府教育局沒有權利拒絕收辦，貴局只是代轉，准與否的決定權在教育廳，若申請無試驗檢定不通過，遭教育廳退回，那本人就死了這條心，局長憑什麼拒絕？」

我們倆人鬧得不可開交，最後縣長裁決，這事關係兩位老師權益，縣府教育局應該代轉，才結束這場紛爭。不久，無試驗檢定核下來了，合格證書也下來了。但核下來的證書卻不是「家具木工」，而是「土木」科技藝教師的合格證。

我又得跑一趟教育局，找局長代轉更正。

局長看了證書後對我說：「沒有關係啦！有一個「木」字就行啦，不用改啦。」

眞是啼笑皆非，兩者怎能相提並論，而且土木科早已從高工職校中廢除了，我堅持退回教育廳更換證書。經過這事件後，留在公東擔任導工的畢業校友，累積五年的教學經驗後都順利通過無試驗檢定取得正式技藝教師的資格。

除了制度之外，當時我還得面對校園內一些黨政勢力。例如國民黨籍的教職員工竟然敢公然在上班時間在校園內召開小組會議，我很客氣的要求他們挪到課後辦理，並請自行購買文具運用。

另外就是採購回扣。當時坊間流傳是凡公家工程都有三成回扣，一般學校也有這樣的陋規。曾經有位商職校長，退休後經營書局，他來學校推銷公民課本，學校勉強採用，後來他就拿了百分之三的回扣給我，我當面拒收，我只好請來錫神父開了收據給他，並把這些錢編列爲獎學金。

後來台東師專一位前校長來推銷他所編的英文課本，我就婉拒了，因爲教科書的選用由老師開會決定選用，我得尊重老師。其他還有學生補考不及格被當掉來關說的，或捐了錢的省議員竟然要求讓他孫子保送台北工專的，不勝枚舉，都造成治學上的困擾，還是得一一拒絕。

選派教師出國進修

除了將成績優異的畢業生留校擔任實習工廠的導工，以培養成合格的技藝教師之外，公東仍不斷給予技藝教師一些提升的機會，選派教師出國進修就是一個具體的作法。此外，也刻意培植「十大傑出青年」，兩位十大傑出青年，一位是一九八〇年獲獎的第一屆家具木工科畢業生林榮貴，另一位也是家具木工科畢業的廖晏鮮，於二〇〇四年獲獎。其背後是靠著眾人相挺而成就的。

林榮貴是第一屆家具木工科的畢業生，彬彬有禮，很有責任感，學業成績名列第三。當時我將他以及同屆且名列前茅的黃國、蔡勝雄留校當導工。一九七六年，我推薦當時擔任公東技藝教師的林榮貴參加台東縣中國反共救國團舉辦的優秀青年選拔，結果榜上無名。後來中廣節目主持人柯仁愛小姐告訴我，只有一次優良事蹟是不可能入選的，需要連續多次才有可能。

之後幾年每次參與全國技能競賽及國際技能競賽時，我都把培訓功勞全掛在林榮貴一人身上，頗有集中火力的意味，這樣的安排果眞奏效，他眞的不負衆望獲獎了。實際上，公東是由數位木工科老師組成教練團指導選手，依老師的個別專長，訓練不同的項目，並且共同評鑑選手完成的每件作品，而不是只有林榮貴一個老師擔負培訓。但將功勞全集中於林榮貴的身上，卻造成日後公東選派教師出國進修過程中一些是非。

這是起源於我從德國歸來之後，德國基金會主管亞洲訓練的 Herr Schelter 先生請我擔任該基金會技術援外台灣對等夥伴（Counterpart）的成員。我利用這個管道，爲公東高工老師申請到六名獎學金名額，選派技藝教師赴德國進修。當時我在課餘教授有意去德國進修的老師一些簡單德語，經過一年的觀察，派往德國進修的機工、家具木工兩科教師大致已定。唯一覺得遺憾的是決定選派木工科老師時，爲了誰先誰後出國的問題，發生不愉快的事。

我出面協調讓黃國先出國進修，等他回國後再輪到林榮貴，因爲黃國的語言能力比林榮貴好，而且林榮貴長期掛名技能競賽選手的培訓老師，並因此當選第十八屆十大傑出青年，其他參與培訓的老師從來不曾抱怨，所以我認爲這次應該優先讓給別的老師。

有一天，學校突然接到一通台北「中德文化經濟合作協會」的老外打來的電話，他說，你們一位名叫林榮貴得過第十八屆十大傑出青年的老師來信抱怨沒有被選派赴西德進修。錫神父從電話中了解原委並做一番說明。

還是按照我所推派的人選去了德國，包括木工科黃國、機工科徐明華、劉志鑫等三名實習工廠老師。其餘三個名額則因單國璽主教強行插手，由雷神父選派東區職訓中心的老師赴德國進修。單主教之所以插手，也是因爲林榮貴的胞兄爲其胞弟出國之事感到不平而向單國璽主教反映使然。

另一位木工科劉瑞慶老師則獲得扶輪社獎學金，赴美就讀美國知名的設計大學肯德藝術與設計學院（Kendall Design School），當時法令規定須具大專以上學歷，並通過教育部留學考試以及托福考試才得以留學，我後來透過美國傳教士馬好留牧師（Rev. Mc Call）與美國在台協會理事主席李潔明先生的協助，才讓劉瑞慶老師免考托福直接送到美國東岸的語言學校加強語文後就學，數年後學成回國任教。在我的心目中，黃國、蔡勝雄其實和林榮貴一樣優秀，對公東的貢獻是同等的。但將功勞集中在一個人身上，使之榮獲「十大傑出青年」獎項，卻造成其後選派教師出國進修時的一些糾紛，是我始料未及的。

4 報名國際競賽，公東木工大放異彩

曾經一度只有公立學校可以參加「台灣省公立高工工科技能競賽」，私立學校被摒除在外，我曾向主辦學校報名被拒。後來我爭取到以表演賽身分參加，並請省議員高崇熙先生到教育廳交涉，才勉強特准。我便帶著家具木工科三年級學生紀道欽參加在新竹高工舉行的全省公立高工職校工科技能競賽的表演賽，並繼

續爭取私校的權益，後來才開放公私立高工得以參加該項競賽。從此公東高工家具木工科在全國中等學校工科技能競賽不間斷地榮獲金牌獎，到我離開公東高工之前，這項紀錄從未被打破。

而且自一九七〇年家具木工科學生黃衛文，首次代表我國參加在日本東京舉行的第十九屆國際技能競賽（World Skille Olynpick）開始，一直到一九九九年宋和釗參加在加拿大蒙特利舉辦的第三十五屆國際技能競賽爲止，公東高工家具木工科共拿了十一面金牌、四面銀牌、五面銅牌及十面優勝，總共三十面獎牌。其中不乏跨職類的得獎成績，備受矚目。

德國、瑞士等先進國家的木工行業職類分類，又可細分爲家具木工、門窗木工及建築木工等不同職類。能夠兼具不同職類技術的技術員並不多。然而來自台灣的公東高工家具木工科的學生竟然可以跨家具木工的職類，在門窗木工及建築木工都得到國際技能競賽大獎，當然很震撼。

例如一九九七年在瑞士聖加崙辦的第三十四屆國際技能競賽時，我特意挑選了兩位原住民學生羅政明及森平房，參加門窗木工及家具木工，受到很大質疑，但他們在競賽中大顯身手，榮獲雙面金牌，也給我很大的光彩。由於聖加崙是錫神父及歐思定修士的故鄉，競賽期間，過去曾在公東執教過的老師都從奧地利、德國及瑞士等地趕來聖加崙會場爲公東加油。

目前除了公東高工，全世界沒有一個國家的技職學校或企業曾在這三個領域連續獲獎，至今還沒被打破紀錄呢！只是，這麼好的成績自一九八七年我和簡安祥校長雙雙離職後，公東治學走向不變，實施去技術化的群集教育，再也沒有學生擠入全國技能競賽，讓我感到萬分遺憾。

1 一九七八年黃清泰（左）帶學生到韓國參加國際技能競賽，李世安（右）得到家具木工金牌獎，李坤林（中）的門窗木工金牌獎。

2 一九九七年黃清泰帶領到瑞士聖嘉崙參加國際技能競賽獲得門窗木工金牌獎的阿美族羅政明，其後保送北科大。

3 公東第一次送學生出國到西班牙參加國際技能競賽，侯世光得到家具木工得到銅牌獎，右為訓練老師黃國，左為林榮貴。

4 擔任國際技能競賽評審時的評分過程。

5 慶祝參加國際技能競賽得獎回國，遊街接受歡呼。

比賽之外：國際技能競賽國旗、國歌事件

參與國際競賽並擔任評審多年，台灣的處境亦常讓我深有所感，一九七三年我在德國進修時，接到台灣打來的電報，當時的內政部林金生部長要我立刻到西班牙馬德里協助參加第二十二屆國際技能競賽的家具木工選手，也就是公東高工學生紀道欽。我即時從德國曼海姆飛往馬德里向我代表團報到，並開始投入試題翻譯與通譯的工作。

抵達會場時，看到競賽大會廣場升起參與競賽的會員國國旗，當然我國國旗也在空中隨風飄搖。中國雖然不是大會會員國，但卻透過駐馬德里外交官不斷向主辦國政府施壓，以國歌、國旗爲題提出抗議。第二天西班牙政府便屈服於施壓，令大會拉下我國國旗，只剩一根旗桿。

在比賽會場上，各國選手均在工作檯上插上一面小國旗，選手的工具箱也會印上國徽。就在中午選手們用餐及休息時間內，我深怕工作檯上的小國旗也會被收走，便留守會場。雖然我不喜歡這面國旗，因它實際上是中國國民黨的黨旗，但基於守護台灣尊嚴，也只好如此。自此每一屆比賽中國乃持續不斷的拿國旗、

國歌事件來施壓主辦國，使之備感困擾。

二〇〇五年第三十八屆在芬蘭赫爾辛基比賽時，大會祕書處要我轉告台灣選手把工具箱所貼的國旗，以及臂上的國徽都拿掉！我認爲不合情理，也怕影響選手情緒，因此採取不服從、不理會，甚至拒絕參與評審等手段。我堅持了很久，致大會開始緊張起來。由政府官員所擔任的台灣代表團正代表竟然跑來指責我：「不要鬧了！」我當場掉淚，感到何等悲憤！

後來外交部通令任何國際場合均採國際奧會模式，拿梅花旗、奏國旗歌。台灣竟然連自己的國名、國歌都可以任人捉弄擺布！二〇〇七年在日本靜岡縣舉行的第三十八屆國際技能競賽大會，我就拒絕拿勞委會職訓局設計的一面自我矮化的大會旗幟。

二〇〇九年在加拿大比賽，前一天晚上十一點，我官方正代表召集台灣各職類國際裁判到其房間聽其宣布：「明天開賽時會有中國的觀察團到各競賽場參觀，所以各選手工作檯上的小國旗暫時收起來，工具箱所貼的國旗也用白紙蓋上，拜託各裁判遵照辦理。」並令砌磚工裁判賴榮秋分發每人數張白紙以供使用。每位裁判礙於情面都接下了，但我當面回絕，拒拿投降的白紙。

正當大家爲此議論紛紛時，我方技術代表譚仰光才姍姍來遲說明原委。我不知道其他裁判是否遵照上級命令辦理，但在休息時間大家都在問，有否看到中共觀察團？大家異口同聲說沒有什麼代表團了，只是不少華人觀衆罷了。這是一場自導自演，自欺欺人、自我矮化的騙局！禁止以台灣名義參加任何國際活動的，不是別人，是中國國民黨主政的政府。代表團回國後，擔任花藝職類的國際裁判，亦即北藝大教授周英戀女士便以〈我在加拿大放聲痛哭〉一文，投書《自由時報》揭發這一樁騙局。

台灣官員在國際競賽會場上沒收團員的國旗，遭揭發之後竟然辯稱是基於安全考量才集中保管，這種鬼話還說得出口？於是我公開說：「遊走兩岸的人不宜擔任台灣技術代表。」並憤而辭去木工職類的國際裁判職務。只是，我雖辭去了國際裁判的職務，仍不能阻擋那些遊走兩岸的投機者，至爲可恨。

結語

給下一個世代的教育備忘

小時候，我家對面住的是日本熊本縣移民而來的菓子屋師傅，那是他們家傳好幾代的手藝，每天一大早一家人就開始搓麵糰，熬煮餡料，再親手一個個捏拿出精巧美味的和菓子，他們每日重複一樣的工作，同樣幾款和菓子，做出來的味道也都一樣，從來不曾看出他們有倦怠之意。

後來我到瑞士上木工師傅學校，到德國參與德國基金會舉辦的工業職校校長特別班的訓練，考察了各地技職學校的特色，也參與工廠實做，我發現德瑞兩國的技師有一個特色，都在實做中學習，一點一滴、從簡入繁，不斷的練習，一直到很熟練了還要繼續做，做到非常精確，才能成就一門技藝，成爲一名技師，而且一輩子以此爲業。

我了解到，這就是日本職人、歐洲工匠的精神，這些國家的工業、工藝之所以發達，靠的就是廣大民眾孜孜矻矻、踏踏實實的學藝，他們不求快，但求精；不求量，但求質，追求價值，伴隨而來的就是價格。也就是說，他們對於一門技藝的要求在精益求精、精雕細琢、追求極致的精確，這種對工作要求的執著與鑽牛角尖，超越了把工作當成賺錢謀生的工具，但伴隨而來的創新就極具實用性，而非華而不實的劣級品。如此，自然打開行銷通路財源廣進。

所以在國際上「Made in Japan」「Made in Germany」「Made in Switzerland」，就是品質保證，許多名牌因此應運而生，如日系的林內、日立、大金，德國名車如BMW、賓士、奧迪、保時捷，瑞士名錶如勞力士、積家、百達翡麗。這些世界名牌的背後，是一個個工匠的執著與世人的敬重，每件產品的每道工序都有其嚴謹的要求，甚至每一個零件都是精心打磨，才能造就卓越的品質。能有如此精湛的工藝，其實來自於這些國家具備勞工神聖的觀念，以及對技術、工藝的尊重，其中不乏台灣稱之爲黑手的技術人員，在德瑞，他們的薪水甚至與管理階級相當。

反觀華人世界普遍存在著士大夫階級觀念，萬般皆下品，唯有讀書高，從過去的科舉制度到現在的升學考試，讓國人有著重文憑而輕技術的觀念，實是技藝、工業、科技的最大障礙，即使老一輩的匠師現在都稱捧爲國寶，但願意向其學藝的年輕人如鳳毛麟角，使得許多傳統工藝瀕臨失傳，在工業方面也無法培養實力完備的基礎技術人員。如果這樣的觀念不改，技職學校的課程設計還是以升學爲導向，不重高職，而將大量資源投資技術學院，也不是爲了訓練一個職人、工匠，那技職教育怎麼改造都是枉然，無法造就一名訓練有素的技師，台灣想要產業提升，具有競爭力，也就遙不可及了。

●期待教育改革重塑匠人精神

我在教育界服務了三十年，其中二十七年在公東高工度過，是我一生最精華的時段。錫質平神父引進瑞士學徒制，堅持小班制的教學，在公東實習工廠從事生產，開創「學用合一」的教育方式，也成功將學徒制本土化，締造了獨樹一格的公東技職教育的模式。我也在那段期間透過瑞士天主教白冷會及葛士賢老師的協助，得以技術人員國外應聘的名義，於一九六九、一九七四年兩度赴歐洲進修。留學期間我學到德國人嚴謹的做事態度與方法，也學到瑞士人克勤克儉、實事求是、擇善固執的工匠精神。

在歐洲，我看到許多和台灣不同的教育環境。例如歐洲有許多專所，提供年輕人學習技術，台灣也有很多「專所」，卻是專門用來補習考大學、考研究所，甚至於考建築師、司法官的「補習班」。在這種教育環境下，學校一味培養學生成爲「考試的熟練工人」，而不是訓練一個人具備群體生存能力及個人自我實現。光這一點，就無法與德瑞匹比了。

教育應該是引導年輕人「適性揚才」的神聖工作。每個人都有與眾不同的天賦，都有他內心眞正想做的事和將來想成爲的人，並不是所有人都適合讀書做研究。但是家長們卻拚命把孩子送進大學，希望小孩不要輸在起跑點上，這眞是台灣社會普遍的偏差現象。

結果教改後的台灣，每個人都念大學，甚至貸款念大學，以至於一畢業就負債累累，卻找不到適合的工作，經濟優渥的人，則繼續讀研究所、攻讀博士班，畢業後很多都成爲流浪教授，還是一樣從22K開始，台灣的年輕人花這麼多時間在讀書、拚文憑，結果還是看不到未來，這是多麼嚴重的社會問題，而且浪費了龐大的社會資源與個人青春。

反觀瑞士，大學只有十二所，不到三分之一的人進大學，其他都選擇技職學校，他們從小六開始就接受職業指導，七、八年級就會自主安排參訪感興趣的企業，開始思考或規畫自己的未來，大約九年級就已經在企業裡當學徒習藝了，透過產學合作，造就了許多扎實的基層技術人力。而學徒經過三年的學習，畢業之後，經國家考試及格，就成爲獨當一面的技術人才，失業率自然降低了。

這種由企業培養所需人力的方式，與台灣大不相同，每一家企業都各自負擔起培養人才的社會責任。在這樣的制度下，大多數人從事著自己喜歡的工作，自然會督促自己把工作做得更好，養成精益求精的工匠精神，這種精神對一個民族、國家、社會，甚至企業都會產生質變。公東高工的校訓：「實事求是，認眞負責」，就是要培養精益求精的工匠精神！

我們再回頭看台灣，一九八四年李煥擔任教育部長時，爲回應民間訴求，廣設高中大學，並大幅減少技職生工廠實習的實作時數，以降低技職教育的投資，並強推群集教育。一九九六年，擔任教育部長的吳京，又放寬專科學校、技術學院升格爲大學。導致技職教育體系徹底破壞，職業教育全面導向升學方向來辦學。高中、高職也從過去的三比七的學生比率轉變成一比一，職校的技術導向及勞工神聖的觀念也就蕩然無存了。前副總統蕭萬長曾經率先喊出「技職教育再造」的口號，這意味著群集教育已經行不通了。

近年有鑑於四百億巨額的「東部開發基金」中，包括地方建設及職業教育再造的經費預算，讓一些政商關係良好的財團或社團紛紛競標，再度提起昔日公東高工所實施的學徒制，也讓我成爲被訪問的熱門對象，我常斬釘截鐵告訴記者：「除非唾棄已偏離的現今技職教育政策，走到體制外，否則不可能在現行技職教育體制中以學徒制的模式辦學了。」

台灣主流技職教育注定失敗已是大勢所趨，因此，兩年前我結合了一些學生及社區人士成立了「DIY技術發展協會」，推動「以務易務，以藝換藝」的終身學習模式，讓大家「你幫我，我幫你」，彼此交換技藝。

之所以成立這個協會，是因我覺得現代人幾乎什麼都靠付費取得，傳統社會人們互助的機制卻崩潰了，台灣逐漸走向高齡化社會，如不趕快找回自助助人的傳統，很多人都會陷入年老無助的困境，以藝換藝就是要讓大家重新回到傳統社會的互助體制裡。

最近我又在台東大學開設體制外的木工師傅學校，免費教學，也在初鹿國中開基礎木工班。前者是為期一年的課程，目前有五個學生，我和他們在工作中一起討論、學習，使技藝精進，達到師傅級的水準，我想藉由這種課程讓學徒制能夠繼續傳承下去。

後者是讓一些對學校課程沒有學習成就感的孩子有學習技藝的機會，來轉移學習挫敗感，這些孩子對木工的興致很高，亦從中得到很高的成就感，這證明教育要走對的路，讓孩子適性學習，這樣就可以讓每個人都成為高材生。

我很關心未來的教改，很擔心教改的方向又偏了，才會想寫這本書，同時在體制外做點事情，如果教改還是像之前那樣亂無章法，只會越改越糟，並讓學校無所適從，那犧牲的就是這些未來的主人翁，不可不慎啊。我以實際的行動紀念並感謝瑞士天主教白冷會在台東所做的貢獻，更期盼白冷會的精神代代薪傳。

吳念眞曾在一篇短文中寫到：「台灣社會充滿了苦悶，台灣最糟糕的就是知識分子誤國。他們在位置上時一直掠奪，並沒有眞正奉獻。他們很傲慢，永遠不承認自己不懂，也不聆聽平民百姓的意見。一個政府博士太多，不是好事，而是悲劇。知識分子應該要奉獻，而不是掠奪。」

我以吳念眞這幾句話做此書的結尾，這是我多年一路走來的觀察與心聲，亦曾企圖改變，但個人能力有限，窮盡一輩子仍力猶未逮。所幸今年公東高工在睽違多年之後，二〇一六年終於有公東學生再度奪回全國技能競賽門窗木工的金牌，可望於今年再度代表台灣進軍號稱世界技術奧林匹克的國際技能大賽。而且選手之一，是隨我到中壢松耐特任職的公東木工科學生鄭朝福的兒子鄭欽豪，後繼有人，這多少令我心寬慰。

轉瞬即逝的生命

講到這裡，我想談一下我的得意門生黃國，他在校成績很優秀，經常是班上第一名，我將他留校擔任技藝教師，後又送他到德國進修，我離開公東，他也跟著我離開。我離開大將作之後他就升任總經理，升上來的廠長莊耀東也是我帶去的學生，以前也是黃國的學生。

由於大將作的日本客戶很多，白天跟我們談生意，晚上則要我們陪同去卡拉OK應酬喝酒，我不喜歡那種場合，都叫黃國去，後來他竟然得了肝病，而且持續惡化，那時我在南島社區大學擔理事長，他過世前託人從台中打電話給我說他在家等我，我趕緊和在苑裡山腳小教堂牧會的兒子黃哲彥趕到台中去看他。

那天，黃國打扮得整整齊齊，像當年高中生一樣理了個光頭，端坐在椅子上等我這個老師來看他，我一看就知病情不妙，十分感傷，只能緊握他的手，輕輕的告訴他：「我來看你了，你要堅強，聖誕節我再來看你。」結果第二天他就過世了，才五十幾歲。

我和一些學生參加了黃國的告別式之後，大夥兒要請我吃飯，我因爲要趕回台東沒參加那個飯局，結果席間，擔任廠長的莊耀東去上個廁所卻許久不見出來，大家去找人，發現他倒在地上，是腦溢血，於是緊急送醫，他太太一直懇求黃國的太太說：「師母，請黃國不要帶我先生走。」結果，最後莊耀東還是走了，前後不到一個月。

生命眞的很脆弱，如果我在場，就看到那令人傷心的一幕。

所以我現在的想法是，我這輩子這樣已經夠了；我現在的態度是，盡我所能把事情盡量做好，要是不能掌握的，也不要埋怨，請上帝幫我心平氣和接受這個事實，交給別人做。

前年，在八十歲生日前夕，我辦了自己的生前告別式，即使身體尚稱硬朗，不過生命何其脆弱，這場告別式，我除了想向得罪過的人說對不起，放下過去的恩怨，在還來得及的時候和大家共聚一堂，唱歌、道謝、說再見，也藉此勇敢面對死亡。人生從八十歲歸零，小孫女說，現在的我是兩歲小阿公。

我已過耄耋之年，與我同輩多在頤養天年，逍遙過日，唯我仍然四處奔波授課，未能好好休養身心。我想，是該我放下一切讓年輕人來爲傳承而努力的時候了，縱使我輩努力不夠，以致台灣技職教育千瘡百孔，也只能放下讓年輕人選擇自己的未來，唯願後輩來完成我未竟之志業。

黃清泰的生前告別式。

Eurasian Publishing Group 圓神出版事業機構 用心與你對話．視野無限寬廣
圓神出版社 Eurasian Press

www.booklife.com.tw　reader@mail.eurasian.com.tw

圓神文叢 210

瑞士學徒制教育在公東——一位老校長引導的學習革命

作　　者／黃清泰
文字協力／林瑞珠
發 行 人／簡志忠
出 版 者／圓神出版社有限公司
地　　址／台北市南京東路四段50號6樓之1
電　　話／（02）2579-6600・2579-8800・2570-3939
傳　　真／（02）2579-0338・2577-3220・2570-3636
總 編 輯／陳秋月
主　　編／吳靜怡
專案企畫／陳怡佳
責任編輯／鍾宜君
校　　對／鍾宜君・周奕君
美術編輯／潘大智
行銷企畫／陳姵蒨・陳禹伶
印務統籌／劉鳳剛・高榮祥
監　　印／高榮祥
排　　版／莊寶鈴
經 銷 商／叩應股份有限公司
郵撥帳號／18707239
法律顧問／圓神出版事業機構法律顧問　蕭雄淋律師
印　　刷／祥峯印刷廠
2017年5月　初版

定價300元　ISBN 978-986-133-615-2

原本想回到台東要好好陪伴太太的我，卻整天在社區裡打轉，忙得不亦樂乎，我太太就說我是個無頭蒼蠅，但我自認爲是個追夢人，直到現在仍在追夢，而且夢想都一個個實現。

——《瑞士學徒制教育在公東》

國家圖書館出版品預行編目資料

瑞士學徒制教育在公東：一位老校長引導的學習革命 / 黃清泰著. -- 初版. --
臺北市：圓神, 2017.05
240面；14.8×20.8公分 --（圓神文叢；210）

ISBN 978-986-133-615-2（平裝）
1. 技職教育 2.教育改革
528.8 106003882